小学班主任
身心健康修炼

主　编：李铁镔　副主编：段彩彬

参　编：（按姓氏笔画排列）

刘甲申　李　敏　宋沛伦

唐　玮　梁　玉　崔　晶

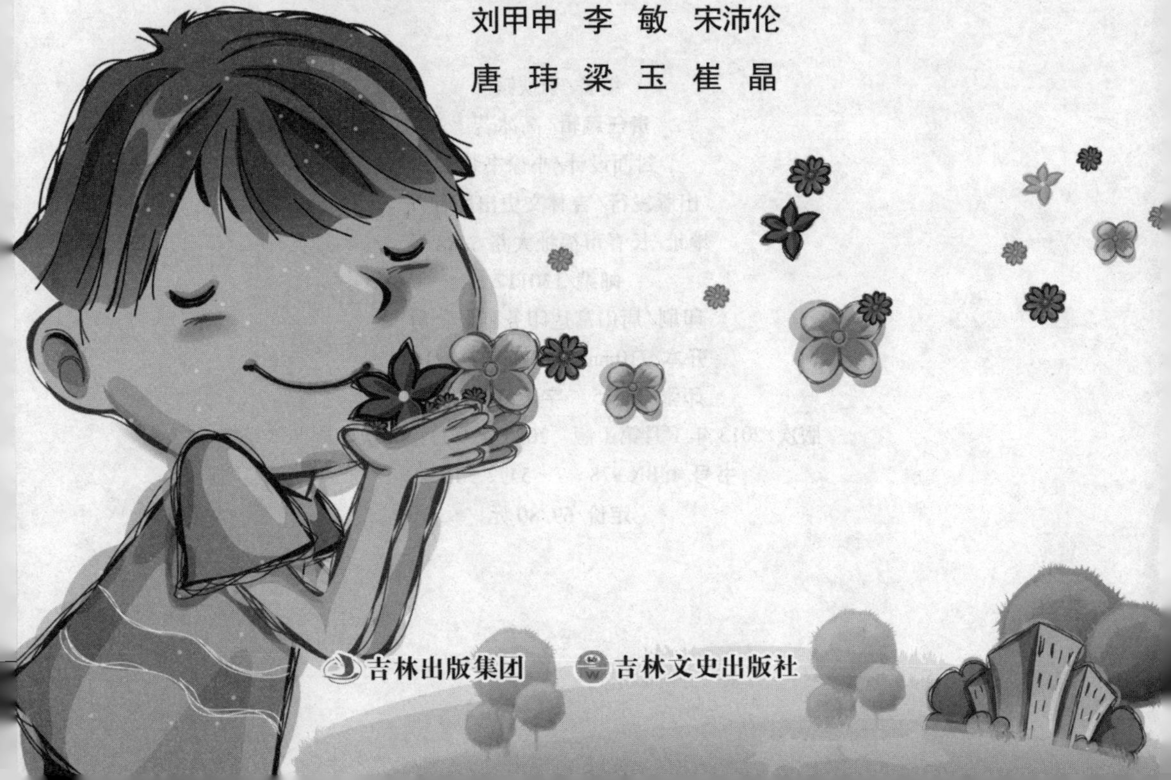

吉林出版集团　吉林文史出版社

图书在版编目（CIP）数据

小学班主任身心健康修炼 / 李铁镔主编．——长春：
吉林文史出版社，2012.4（2025.9重印）
（班主任必备丛书）
ISBN 978－7－5472－1032－1
Ⅰ．①小…　Ⅱ．①李…　Ⅲ．①小学－班主任－健康教
育　Ⅳ．①G625.1
中国版本图书馆 CIP 数据核字（2012）第 072594 号

班主任必备丛书

小学班主任身心健康修炼

XIAOXUE BANZHUREN SHENXINJIANKANGXIULIAN

编著/李铁镔
责任编辑/高冰若
封面设计/小徐书装
出版发行/吉林文史出版社
地址/长春市福祉大路 5788 号
邮编/130117
印刷/唐山富达印务有限公司
开本/710mm×1000mm　1/16
印张/11.25　**字数**/150 千字
版次/2013 年 1 月第 1 版　2025 年 9 月第 4 次印刷
书号/ISBN 978－7－5472－1032－1
定价/69. 80 元

《教师继续教育用书》丛书编委会成员

目 录

◎ 调节身心，自我修炼

◎ 师生乐园，心的桥梁

◎ 善于沟通，巧练技巧

◎ 关爱教师，关注健康 ◎

［本章导读］

正如中国伟大的革命家、战略家、理论家和诗人毛泽东所说的，“身体是革命的本钱”，健康的体魄是十分重要的。而是不是只要身体健康就足够了呢？答案当然是否定的。古希腊伟大的哲学家柏拉图就曾经说过，好的心理是一剂良药，能催人奋进，反之它就是枷锁，使人灭亡。可见，心理和生理是构成自然人健康的两个重要方面，它们相互依附、彼此制约、有机统一、缺一不可。正所谓，“正心以为本，修身以为基”。所以，在关注班主任这个群体的同时，也应该同时关注身体健康和心理健康这两个方面。

本章内容分为两小节，对健康有一个从身体到心理比较整体的概述。我们从案例入手使班主任更加了解身体健康与心理健康的深刻含义，并且能够做到真正的“外修于形，内修于心”。

外修于形——认识身体健康

［本节导读］

班主任这个职业的特点，决定了他们的工作既消耗脑力，又消耗体力，没有健康的身体就难以胜任。但是，现实却是班主任在学校里要肩负着大量的学习任务，职业压力很大，没有时间顾及自己的身体状况。而无论是年轻教师，还是中年教师都同时扮演着众多的社会角色，比如儿子、女儿、父母、丈夫、妻子等等。由于这些负担比较重，所以对自我的健康意识也比较淡漠。因此，认识身体健康对于教师身心健康十分重要。

☆★　身边的故事

李老师是一所重点小学的班主任，已经从教十几年的她，现在还有一个十岁的女儿。由于李老师的爱人出国了，家庭的重担就都落在了她的肩上。她不但要照顾年幼的女儿，还要照顾双方年迈的父母。近一段时间，深感体力不支的她仍坚持给学生们按时上课，此外，还要参与班级的管理工作，晚上回家还要批改作业加班，很多时候都是晚上十一二点才上床休息。特别是当李老师的母亲由于心脏病住院之后，李老师还要在晚上去照顾母亲。就这样，晚上不能正常休息，白天还要照常上班。不到一个星期，李老师就在课堂上晕倒了，经过医院全面的检查，被医生告知患上了癌症，这让她觉得晴天霹雳。而此刻意识到身体健康的重要性，显然已经晚了。

· 心灵寄语

发生在李老师身上的这件事并不仅仅是个个案。实际上，有很多对于小学教师健康现状的调查都说明了不应该忽视教师的健康问题。在孙恒松等人对河南油田729名中小学教师健康现状的调查中，疾病检出率高达46.9%，可见，班主任身体健康状况令人堪忧。教师职业是一个集脑力劳动与体力劳动于一体的职业，由于其特殊性，导致很多疾病的产生。其中包括说话、喝水少、粉笔微尘的吸入导致的咽喉炎；长时间地站立授课导致的下肢静脉曲张；长期的精力高度集中的伏案工作导致的颈椎、腰椎疾病等等。

那么，究竟什么是身体健康？班主任的身体健康应该怎样保持呢？

☆★　心理课堂

· 健康概述

如果要对健康下一个确切的定义显然很难，自古以来，健康的定义有很多种。要追溯对健康的定义，可以引用《素问·上古天真论》中的描述，健康就应该如“上古之人”能够做到“春秋皆度百岁，而动作不衰”。显然，这里把长命百岁并且仍能活动的人定义为健康的人。纵观古时对健康的种种说法，虽然不尽相同，却也都不谋而合地认为“健康”指的就是机体上没有什么器质性的病变。通俗的讲，“不生病”就是健康了。

那么，如今对于健康的定义又是怎样的呢？1946年，世界卫生组织率先提出了健康的定义：健康是身体上、精神上和社会适应上的完好状态，而不仅仅是没有疾病或者不虚弱。这一定义一直沿用至今。

世界卫生组织对于健康的这一界定，充分考虑到了人类身体、心理、精神和社会这几个重要方面。本章主要从身体和心理两个方面进行剖析，而本节主要讲的是身体健康。

- ***身体健康***

那么，身体健康主要包括哪些方面呢？我们在世界卫生组织提出的衡量健康的十项标准的基础之上，结合班主任的实际情况，逐条解读。世界卫生组织中关于身体健康的衡量标准如下：

> *有充沛的精力，能从容不迫地应付日常生活和工作，而不感到疲劳和紧张；*

> *能抵抗普通感冒和传染病；*

> *体重得当，身材匀称而挺拔；*

> *眼睛炯炯有神，善于观察；*

> *牙齿清洁，无空洞，无痛感，无出血现象；*

> *头发有光泽，无头屑；*

> *肌肉和皮肤富有弹性，步态轻松自如。*

那么，对于班主任而言，哪些是健康的标志呢？我们不妨来说一下，大致可以分为以下几条：

> *能够有充沛的精力应付家庭生活和学校工作，而不感到不堪重负；*

> *能够抵抗学生中经常出现的流行感冒、风疹等传染病；*

> *不过分瘦弱或过分肥胖；*

> *视力达到正常标准或戴眼镜之后的视力达到正常标准；*

> *牙齿清洁，无牙痛或其他牙病；*

> *头发经常梳洗，干净整齐；*

> *肌肉无酸痛感。*

显然，很少有班主任可以达到以上这些身体健康的标准。那么，现实中的班主任有哪些疾病呢？也就是我们下面所要说的教师职业病。

教师职业病

班主任作为学校当中的重要组成部分，由于其地位、环境及所扮演的角色都十分特殊，使其在社会发展进程中，要承受很大的压力。而教学任务往往又是需要长期地、重复地完成一些动作，另外受环境的限制，不能得到充分休息的情况下，许多教师患有不同程度的职业病。而有关身体健康的职业病主要包括以下几种：

> *咽炎*

咽炎是咽部黏膜，黏膜下组织的炎症，常为上呼吸道感染的一部分。依据病程的长短和病理改变性质的不同，分为急性咽炎，慢性咽炎两大类。而班主任多为慢性咽炎，主要为咽黏膜慢性炎症。在教师群体中是一种常见病，多发病。并且，在常规用药的治疗过程中，很难根治。

> *颈椎病*

颈椎病是指因颈椎退行性变引起颈椎或椎间孔变形、狭窄，刺激、压迫颈部脊髓、神经根，并引起相应临床症状的疾病。教师群体中，有很多中年教师，甚至是一些年轻教师常常会感到脖子酸痛，这些其实都是颈椎病的前兆。

> *腰肌劳损*

腰肌劳损以腰部隐痛反复发作，劳累后加重，休息后缓解等为主要表现的疾病。很多班主任常常感到腰疼，直不起来腰。其实就是腰肌劳损引起的。

> *肩周炎*

肩周炎是以肩关节疼痛和活动不便为主要症状的常见病症。虽然肩周炎的好发年龄是50岁左右，不过在班主任群体中却有低龄化的趋势。

> *静脉曲张*

静脉曲张主要是因为下肢静脉血管瓣膜损坏所引起的，主要特点和表现是血管突出皮肤表面。班主任这个需要长时间站立的职业是此种病发作的高危险群。

> *干眼症*

干眼症又称角结膜干燥症，是由于眼泪的数量不足或者质量差，导致的眼部干燥的综合症。长期工作的班主任比较容易得此病。

> *高血压*

高血压是指在静息状态下动脉收缩压或舒张压增高，常伴有脂肪和糖代谢紊乱以及心、脑、肾和视网膜等器官功能性或器质性改变。压力比较大的班主任常常发病。

> *胃病*

胃病实际上是许多病的统称。常见的胃病有急性胃炎、慢性胃炎、胃溃疡、胃息肉、胃结石等。饮食没有规律的班主任好发此病。

- ***教师工作的特点与教师职业病的关系***

上面提到的几种教师职业病显然与他们的工作特点息息相关，下面讲一下班主

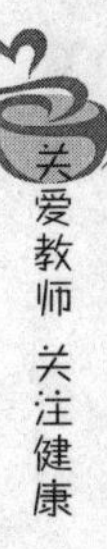

任工作的特点，由此可以找出导致这些职业病发生的诱因：

> 班主任说话多、喝水少，易吸入大量的粉笔微尘。

由于长时间投入地讲课，很多班主任往往都顾不上喝一口水。讲话时间较长，有的时候是边写粉笔字边讲课，因此吸入大量粉笔微尘。咽喉、声带很容易受伤，最终形成急性咽炎或慢性咽炎。

> 班主任长时间站立授课，伏案批改作业。

大多数班主任都是长时间的站着讲课，造成下肢静脉血管瓣膜损坏，导致下肢静脉曲张的发生。而长期的伏案工作，容易造成颈部和背部肌肉的紧张，导致颈椎病和肩周炎的发生。还有，一成不变的坐姿也是腰肌劳损形成的主要原因。很多班主任长时间地批改作业到深夜，眼睛干燥发痒，也就是会有干眼症的情况出现。

> 班主任的工作时间长，精神压力大，饮食不规律。

班主任的工作压力比较大，沉重的教学任务和长期的不稳定情绪容易导致高血压的出现。而班主任的工作时间比较长，很多班主任连吃午饭的时间都没有，造成了饮食的不规律，同时也导致了胃病的发生。

☆★ *身体调试*

晚唐著名诗人李商隐曾写道：“春蚕到死丝方尽，蜡炬成灰泪始干”。这句诗也经常被用来描述教师无私奉献的精神，可见，教师真的是太阳底下最光辉的职业。可是，在小学班主任顶着教师这样一个光环努力工作的同时，却常常忽略了自己的身体健康。很多班主任牵挂着学生的学习，班级的管理，还有教学任务，因此身体不舒服的时候也不肯去看医生，造成了一些病情的延误。而上面提到的一些职业病的患病教师的人数也有大幅度的提高。

据金丽顺对五所高校的168名教师进行的问卷调查显示，患有慢性咽炎的人数最多，占总人数的63.10%；其次，颈椎病也是教师的高发病之一，占总人数的

53.57%；再次，神经衰弱也严重威胁着教师的健康状况，占总人数的42.26%；最后，静脉曲张、高血压和胃病等疾病也是教师中较为常见的职业病。可见，教师的身体健康状况令人堪忧，而这种身体健康状况也导致了教师死亡人数的增加。湖北医科大学卫生经济研究所公布的一项调查结果表明：患恶性肿瘤、心脑血管病死亡的人数占湖北高校教师死亡总人数的70.88%，高出全国均值（62.11%）近9个百分点（引自武汉热线）。可见，积极采取措施预防班主任的教师职业病是刻不容缓的。

· ***具体措施***

针对如何使小学班主任拥有健康的身体，我们从不同方面为班主任提出几条建议。

(1) **合理膳食　注意饮食结构**

> *膳食平衡，合理搭配饮食。*

膳食平衡指的是膳食必须符合个体的生长发育状况以及生理特点，适量补充。很多人经常喜欢大鱼大肉，感觉每顿饭都是无肉不欢，实际上这种大量高脂肪的摄入并不符合饮食上荤素搭配的准则。而另一些人则不喜欢吃主食，实际上米、面等主食才能够真正做到能量的正常供给。总而言之，根据营养平衡的理论，一定要科学搭配食物，要减少动物蛋白多、海鲜多、高脂肪、少蔬菜、少主食的饮食结构。

> *经常饮水，少喝咖啡等令人兴奋的饮品。*

很多班主任由于长时间地讲课，往往忽视了水的饮用。咽喉和声带本来就是班主任比较脆弱的器官，如果不多加保护，再加上大量粉笔微尘的吸入，会导致上面提到的咽炎的发生。因此，课间休息的时候常饮水可以达到润喉的目的。

班主任都很辛苦，每天晚上批改作业到深夜，早上还要以最好的精神面貌来面对自己的学生。因此，一些班主任喜欢喝咖啡等刺激性的饮品来提神。实际上，咖啡本身具有提神的功能。但是，长期大量饮用会加剧高血压的症状，并且有可能会诱发骨质疏松。所以，应该尽量少饮用咖啡。班主任真的觉得比较疲倦的时候，可以在课间适当小憩一下，来缓解这种疲劳。

> *多补充维生素和膳食纤维。*

维生素是人和动物为了维持正常的生理功能而必须从食物中获得的一类微量有机物，可见，维生素对于个体是十分重要的。而且，不同种类的维生素又有不同的功能，例如，维生素A主要的作用是维护上皮细胞的健康及增进免疫功能；维生素B_1是保证热能代谢正常进行。补充维生素的方式也比较简单，多吃水果、蔬菜、蛋黄、肝火牛奶等。

膳食纤维主要来自于植物的细胞壁，包含纤维素、半纤维素、树脂、果胶及木质素等。摄取足够的膳食纤维可以预防心血管疾病、癌症、糖尿病以及其他疾病。我们日常吃的很多食物都含膳食纤维，比如玉米、小米等杂粮，四季豆、红豆等根菜类和海藻类食物。

> *不吸烟，少喝酒，多饮茶*

香烟里的尼古丁对人身体伤害比较大，虽然它能够使人注意力更为集中，不过香烟的弊远远大于利。班主任当中的很多男教师为了提神而吸烟，甚至形成了烟瘾。而香烟对于班主任更多的一种伤害在于对其咽喉的伤害，原本就吸入大量的粉笔微尘，加上香烟产生的烟雾，进一步加深了咽炎的发生。

酒并不是完全有害的，只要学会健康饮酒，不仅不会伤害身体，而且还有利于健康。比如，每天临睡前喝一杯红葡萄酒，就可以降低患心脏病的危险。

茶是一种著名的保健饮料，早在李时珍所著的《本草纲目》一书中就提到："茶苦而寒，阴中之阴，沉也，降也，最能降火。"可见，茶叶的确对清热去火有比较好的效果。教师可以适当喝一些冬凌茶，缓解咽痒、咽干涩等症状。

⑵加强锻炼　提高身体素质

科学合理的运动能够使人的精神面貌处于最佳状态，那么对于班主任而言，在紧张的工作之余可以做哪些运动呢？下面就来说一下：

> 时间充裕的情况下，尽可能走路或慢跑。

走路或者慢跑是比较好的有氧运动，各位教师在时间允许的情况下，不妨坚持走路上下班，不知不觉就达到了健身的目的。

> 在有限的空间内，尽可能舒展四肢。

办公室的空间比较狭小，也相对有限。但是，只要有站起来的地方，就可以在工作一段时间之后，站起来舒展一下四肢。具体做法如下：头尽量往后仰或转动颈部；肩关节活动或胳膊抡动；身体尽量往后仰或转动腰部。这些动作可以多次重复，直到感觉四肢得到了充分舒展。

> 闲暇的时候，给眼睛放个假。

长时间的用眼一定会造成眼疲劳，不妨在批改完作业之后做一做眼保健操，或者望一下远处，使眼睛得到适当的休息。

(3) 优化环境　创造舒适生活

班主任的生活环境也与身体健康息息相关，那么我们怎么样营造一个良好的环境呢？

> 教室或办公室保持通风，注意空气流通。

教室或办公室相对来说，都是人头密集的地方。经常性的开窗通风，可以防止一些流行性感冒的发生。同时，呼吸一下新鲜空气，也可以缓解一下班主任疲劳的状态。

> 养植花卉，降低电脑辐射。

仙人掌、仙人球可以帮助人体尽量少地吸收计算机所释放出的辐射，并且无需太多的呵护和照料，非常适合摆在班主任的办公室里。而养殖一下虎尾兰、吊兰、绿萝在教室或办公室里，也可以达到净化空气和杀菌的作用。如被称为“空气清新器”的吊兰、虎尾兰，放置1~2盆在24h内就可将室内烟雾，电器、塑料制品、房间装修及家具涂料等散发的甲醛、尼古丁、一氧化碳、过氧化氮、三氯乙烯等有毒气体吸收干净。可见，养一些植物是十分必要的。

(4) 关注心理　保持心情舒畅

智力的发展取决于身体的健康，身体的健康取决于心理的健康。可见，一个人只有在保证心理健康的前提下才能做到身体健康。而本节主要讲的是身体健康，心理健康、心理健康与身体健康的关系等问题将在下一节一一讲解。

· **小建议**

> 人生最大的财富是希望，人生最大的资本是健康，人生最大的幸福是快乐，人生最大的幸运石是平安；

> 健康是智慧的条件，是愉快的标志；

> 年轻时放弃健康获取财富，年老时会放弃一切财富去恢复健康；

> 忽视健康就等于拿自己的生命开玩笑；

> 健康的身体是灵魂的客厅，病弱的身体是灵魂的监狱；

> 健康当然比金钱更为可贵，因为我们所赖以获得金钱的，就是健康；

> 身体虚弱，它将永远不会培养有活力的灵魂和智慧；

> 人体的幸福只有在身体健康和精神安宁的基础上，才能建立起来；

> 健康是一种自由——在一切自由中首屈一指；

> 健康犹如真正的朋友，不到失去时，不知她的珍贵。

☆★ 在线互动

做为小学班主任的你是否对自己的身体健康状况有所了解呢？下面的问题也许能帮你回答。请根据您最近一个月的实际感觉，在适当的数字上用“√”表示。

1 无　　2 偶尔　　3 经常

1. 您是否感到容易乏力，不易复原？ 1 2 3

2. 您是否感到眼睛疲倦，眼花目眩？ 1 2 3

3. 您是否感到精力下降，体虚力弱？ 1 2 3

4. 您是否感到动作迟缓，肢体酸软？ 1 2 3

5. 您是否感到头昏脑胀，头晕头痛？ 1 2 3

6. 您是否感到体重减轻或增加过多？ 1 2 3

7. 您是否感到不易入眠，晨不愿起？ 1 2 3

8. 您是否感到多梦易醒，经常打盹？ 1 2 3

9. 您是否感到局部肢体麻木？ 1 2 3

10. 您是否感到手脚易冷，手掌多汗？ 1 2 3

11. 您是否感到口干舌燥，经常口渴？ 1 2 3

12. 您是否感到腰酸背痛，四肢无力？ 1 2 3

13. 您是否感到口舌溃疡？ 1 2 3

14. 您是否感到食欲不振，反酸嗳气？ 1 2 3

15. 您是否感到便稀或便秘？ 1 2 3

16. 您是否感到易患感冒，鼻塞流涕？ 1 2 3

17. 您是否感到胸闷气短，呼吸不畅？ 1 2 3

18. 您是否感到心悸心慌，心律不齐？ 1 2 3

19. 您是否感到唇起疱疹，咽喉肿痛？ 1 2 3

20. 您是否感到颈肩僵硬，肢体酸痛？ 1 2 3

这个身体健康状况自测量表采用3级评分法。即选1得3分，选2得2分，选3得1分，满分60分。得分在51—60，目前您的身体比较健康，请继续保持；得分在36—51，目前您的身体处于亚健康水平，请注意休息、加强锻炼；得分在36以下，您现在的身体处于不健康水平，请尽快到医院做一个全面的检查，及早治疗。

· ***人生感悟***

什么是知足？我们也许会经常问自己是否满足于现在的生活？

“知足”一词源于《道德经》中的“祸莫大于不知足”，意思是不知满足，一定会招来灾祸。可见，一个人要想获得快乐幸福，最主要的是懂得知足。从现在开始，让我们牢记这样的十六个字：宽厚待人，严于律己，知足常乐，不攀不比。

内修于心——解读心理健康

［本节导读］

前一节我们讲到关注班主任身体健康的重要性和必要性。其实，一个人的心理健康也十分重要。班主任的心理健康是教师开展一切工作的基础，同时在一定程度上也影响着学生们人格的形成以及心理的发展。尤其是对于小学生来说，班主任有的时候甚至扮演着比父母更重要的角色。小学生的心理发展正处于一个重要的转折期，班主任作为一个引导者，只有重视自身心理健康，才能更好地指导学生。下面我们就来好好解读一下班主任的心理健康。

☆★ 身边的故事

王老师是一名小学班主任，才参加工作不久。刚开始的时候，她对教师这个神圣的工作充满了向往。结果短短三个月的时间，现实中的工作令王老师疲惫不堪。作为一名班主任，经常会遇到这样或那样的学生。王老师感觉几乎每个学生都很让她头疼，外向活泼的学生比较爱上课说话，有时候喜欢调皮捣蛋；内向文静的学生上课不喜欢回答问题，也不知道他们究竟有没有听明白老师讲的课。总而言之，王老师经常觉得每个学生都让她操心，因此她痛苦不堪。久而久之，有学生一不听话，王老师就忍不住发火，有时候很大声地训斥自己的学生。因此，有很多学生背后给王老师起外号，不愿意与王老师说话。王老师为此感到十分苦恼。

· 心灵寄语

现实中，有很多年轻的小学班主任像王老师一样，怀着无限向往地投入到教师的工作中。可是，却被日复一日的琐碎工作折磨得痛苦不堪。能够正确了解自己并能愉快接受自己的职业，这是班主任心理健康的最基本标准之一。而一些资历比较老的班主任就心理健康了吗？当然不是。只能说他们的心理困惑有所不同而已。目前看来，班主任的心理健康问题相当普遍。躯体化、强迫症状、人际敏感、恐怖和焦虑是我国班主任最主要的心理健康问题，呈现轻度心理症状教师的比率比较高。王老师的这种心理状态是由于她无法很快地融入到这种快节奏的生活中，在面对职业压力的时候无所适从，不能够很好地进行自我调适而造成的适应不良。

那么，究竟什么是心理健康？教师的心理健康应该怎样保持呢？

☆★ 心理课堂

心理健康

健康包括身体健康和心理健康两个方面。上一节我们对健康和身体健康都有过介绍，下面我们来说说什么是心理健康？

1946年第三届国际心理卫生大会指出，所谓心理健康是指身体、智能及情感上与他人的心理健康不相矛盾的范围内，将个人心境发展成最佳状态。而刘华山教授在《心理健康概念与标准的再认识》一文中提到，心理健康是人的良好心理素质的表现，是人的整体健康状态的必要组成部分。

本书针对小学班主任提出，心理健康是指一种生活适应良好的状态。主要包括两个方面：一方面是没有心理问题，这是心理健康最基本的要求；另一方面是有调节和维持心理健康的能力。

· ***心理健康的标准***

心理健康标准是心理健康概念的具体化。不同的心理学家和学者的观点都不尽相同，心理健康的标准也随着社会的发展而不断变化。到目前为止，关于心理健康的标准仍没有达成共识。

外国的一些心理学专家提出了各自的标准。马斯洛认为自我实现、充分发挥个人天性的人就是心理健康者。奥尔波特则提出了心理健康的七条标准：自我意识广延；良好的人际关系；情绪上的安全感；自觉客观；具有各种技能，并关注与工作；现实的自我形象；内在统一的人生观。

我国心理学家张春兴和杨国枢提出了四条标准：了解并接受自己；认识并面对现实；工作休闲并重；主动参与社会活动。

我们根据世界卫生组织提出的衡量健康的十项标准当中有关心理健康的部分如下：

> *处事乐观，态度积极，乐于承担责任，事无大小，不挑剔；*

> *善于休息，睡眠好；*

> *应变能力强，能适应外界环境各种变化。*

· 教师心理健康的影响因素

那么，对于小学班主任来说，有哪些因素影响着班主任的心理健康呢？我们认为有下面三方面的因素：

> 个体因素

个体因素主要包括生物学因素和人格特征以及认知偏差三个方面。

生物因素包括遗传和性别两个方面。菲利普·津巴多所著的《普通心理学》一书中提到，研究发现，一些重症抑郁患者具有遗传倾向。可见，遗传因素也是导致班主任心理问题发生的原因之一。

人格特征指的是个体在行为上的内部倾向，表现为个体适应环境时情绪、需要、动机、气质、性格等方面的特点。比如巴普洛夫根据四种最基本的高级神经活动类型提出的四种气质类型：胆汁质、多血质、黏液质和抑郁质。不同气质类型的人处理同一个问题的方法也会有所不同。

认知偏差是指个体在社会环境中对自我、他人或群体的心理特征和行为规律进行感知、判断、评价、推断和解释，以作进一步反应的过程中所产生的一些不正确的认知。这些认知偏差有时会直接影响到教育教学工作本身，因此，认知偏差也是到心理问题的一个诱因。

> 学校因素

学校因素包括工作环境和工作压力两个方面。

工作环境指的是教师日常工作的教室、办公室等。这些地方往往相对来说比较拥挤。小小的一张办公桌，教师要在那儿工作十余个小时，日复一日、年复一年地批改作业、备课。枯燥、乏味的情绪自然就会产生，容易导致班主任产生一些心理问题。

工作压力指的是面对繁重的工作所引发的一种体验，主要是来自于学校和家长两方面。学校希望学生的成绩提高，就给班主任布置更多的任务，班主任在布置给学生的同时，自己就有了无形的压力。因为，很多学校的学生成绩都与班主任的工资、奖金挂钩，所以一旦班主任经过自身的努力无法让学生的成绩达到理想的水平，就会产生消极的情绪，最终导致心理问题。而每一位家长都希望自己的孩子成绩优异，可并不是每一个学生都可以考第一名，因此也造成了很多学习成绩并不理想学生的家长的不满，这也给了教师很大的压力。

> *社会因素*

社会因素包括家庭环境和社会期望两个方面。

家庭环境在个体的心理发展中起着至关重要的作用。家庭环境包括家庭背景、经济状况等方面。班主任往往也都有自己的家庭，尤其是中年教师，一方面要完成好教学工作，另一方面又要照顾好家庭。如果有一个相对比较优越的家庭环境，可以避免心理问题的发生。

社会期望是社会对于教师这个职业的期许。教师这个太阳底下最光辉的职业，在顶着光环的同时，也被提出一些过高的要求。很多人都认为教师就应该不计较得失的无私奉献，但是教师也是普通人，也需要适当的宣泄。长期的压抑会使班主任崩溃。

· ***心理健康与身体健康的关系***

前一节讲到的身体健康和这一节讲的心理健康又有着什么样的关系呢？

> *身体健康有助于心理健康。*

身体健康水平较高的人其心理问题发生的概率也会降低。反之，一些疾病导致了心理问题的发生。比如一个人突然患了癌症，长期的化疗引起持久的不愉快的情绪体验，导致抑郁症的产生。

> *心理健康影响着身体健康。*

俗话说得好，治病先治人，治人先治心。心理不好，病也治不好。只有拥有比较健康的心态才能够身体健康。有很多身体上的疾病也是因为心理问题导致，比如说高血压这种疾病，美国科学家最新的一项研究表明，孤独感比较强烈的人易患高血压。

总结来说，身体健康和心理健康相互联系、相互作用。身体健康有助于心理健康，心理健康影响着身体健康。心理健康和身体健康必须达到和谐统一才能很好地促进个体身心的发展。

- ***教师心理健康问题的类型***

很多使用SCL−90临床症状自评量表的调查结果表明，我国教师的心理健康现状并不乐观。根据2011年的一项调查结果显示，被调查的对象中有46.7%的教师存在不同程度心理障碍，明显高于我国普通人群心理障碍发生率20.0%。其中28.4%的教师有“轻度心理障碍”，15.9%的教师有“中度心理障碍”，2.4%的教师已构成“心理疾病”。可以看出，目前小学班主任的心理健康现状也很不乐观。

那么，心理健康问题有哪些类型呢？

＞职业适应问题

生活事件发生的时候，要求人们去改变现状，以便应对事件带来的新情况，要求人们付出努力，去应对生存环境所发生的变化。这种应对就被称为适应。职业适应是对不断变化的工作环境的应对。职业适应中会遇到许多问题，比如入职初期对于自己工作的适应不良，同时也包括职业倦怠等等处于不同职业阶段所面对的职业适应问题。这些问题将在本书第三章进行着重介绍。

＞情绪问题

长期的工作压力导致了一些消极情绪的产生，一旦不能很好地舒缓这种情绪，就会导致情绪困扰。长期的消极情绪也会导致一些心境障碍的发生。比如长时间的情绪高涨或低落会导致躁狂或抑郁的发生。关于情绪问题将在本书第五章着重进行介绍。

＞人际关系问题

班主任的人际关系网相对来说比较单纯，包括教师和学生、教师和家长，还有教师和教师三个方面。任何一方面出现了问题，如果不能够很好地进行交流和沟通，都会导致一些社交方面问题的发生。比如，大部分学生不接受这位老师，有些甚至拒绝上课，辱骂老师等，而老师又没有很好地和学生进行沟通，就会导致教师恐怖症的发生。关于人际关系问题将在第六章和第七章着重进行介绍。

☆★ *心理调试*

心理学家马斯洛曾经说过这样一番话："心若改变，你的态度跟着改变；态度改变，你的行为跟着改变；行为改变，你的习惯跟着改变；习惯改变，你的性格跟着改变；性格改变，你的命运跟着改变。"可见，一切改变源于心的改变，其实也就是心理状态的改变。对于小学班主任来说，班主任的心理调试不但对自身有好处，而且对学生也很有利。具有良好心态的班主任更能倾听学生的心声，关心学生的成长，更好地进行班级管理和日常教学工作。

但是，目前教师的心理健康状况却并不乐观。根据宋宙红和罗晓对545名中小学教师的心理健康和社会支持问卷调查，发现有9.07%的教师心理健康存在不同程度的问题；主课、班主任教师心理健康水平的某些方面低于副科、非班主任教师。而班主任显然要比非班主任的心理健康水平要低，本书正是从班主任这个群体入手。在分析了教师心理问题的类型和影响因素的前提下，进一步提出具体措施，显然是十分重要的。

· *具体措施*

针对班主任可能遇到的一些心理问题，我们为班主任提出了以下几条建议。

(1) 正确认知理解职业角色

> *正确认识自己，接受自己的不完美。*

"人贵有自知之明"，这句话由来已久，它指的是能够正确认识自己的人，才算是聪明。可见，对自己有正确的认知是聪明人的表现。所谓"认知"，用日常语言来说，是指一个人对某一事件的认识和看法，包括对过去事件的评价，对当前时间的解释，以及对未来发生事件的预期。一个人只有认知正确，才能对事物有正确的认识、评价和解释，才能正确地预期未来。在正确认知的同时才能更好地审视自己、接纳自我，从而更好地工作、学习和生活。

> *理解职业角色，热爱自己的岗位。*

“角色”一词源于戏剧，最早指演员扮演的剧中人物。20世纪20至30年代，美国芝加哥学派将其引入社会心理学。职业角色被用来解释某一职业的行为、地位以及社会期望等。班主任理解自己的职业角色，能够更好地完成本职工作。进一步地热爱自己的工作岗位，可以使班主任拥有更加饱满的情绪和热情，从而降低心理问题发生的概率。关于班主任的职业角色和地位也将在本书第二章第一节进行着重介绍。

(2) 调节情绪保持心情舒畅

> *有效调节情绪，做情绪的主人。*

好的情绪能够使人精力充沛，工作起来充满活力；坏的情绪却使人无精打采，焦虑不安。可见，情绪是人们对客观事物的态度体验，同时也影响着人们的日常生活。那么，怎样塑造阳光情绪呢？本书第五章第一节将着重进行介绍。

> *给心灵放个假，丰富业余生活。*

长时间的工作压力的确让人喘不过气来，丰富的业余生活能够舒缓这种生活状态。除了上一节提到的一些运动之外，还包括一些比较有益身心的活动。例如，旅游、摄影、踏青、写毛笔字等，这些活动都能够使班主任从身体到心灵上得到很好的放松。

(3) 多交流勤沟通和谐人际关系

> *做学生最好的朋友*

每名班主任都应该做学生的良师益友，谆谆不悔地教导学生，对学生们因材施教。高高在上的教师无法真切了解学生的想法，自然就无法管理好班级，无法和学生有效沟通。因此，一定要做学生最好的朋友，从学生的角度来看问题，才能更好地工作。关于师生关系将在本书第六章第一节着重进行介绍。

> *做家长最默契的伙伴*

班主任和家人的配合很重要，只有教师单方面的努力是不够的，除了学生的努力之外，也包括家长对班主任工作的支持。家长对班主任工作的支持，可以降低教师的工作压力。关于班主任和家长的沟通技巧将在本书第七章第一节着重进行介绍。

> *做同事最佳的队友*

班主任的同事有很多，但与班主任密切相关的同事主要就是科任教师，科任教师的工作压力相对来说要小一些。因此，班主任与科任教师的良好沟通同样可以减轻班主任的工作压力。关于班主任与科任教师的沟通技巧将在本书第七章第二节着重进行介绍。

· **小建议**

> *健康的心，快乐人生；*

> *一日三笑，人生难老，一日三恼，不老也老；*

> *人无泰然之习性，必无健康之身体；*

> *宽厚待人，严于律己，知足常乐，不攀不比；*

> *忘掉过去，珍惜现在，享受今天，乐观未来；*

> *临大事静气为先，遇险滩宁静致远；*

> *治病先治人，治人先治心。心理不好，病治不好。心理健康，身体健康。不生百病，不用药方。*

> *心胸开阔，心地善良，处之泰然，性格开朗。*

☆★ 在线互动

做为小学班主任的你是否对自己的心理健康状况有所了解呢？下面的问题也许能帮你回答。请根据您最近一个月的实际感觉，在适当的数字上用"✓"表示。

1 无　　2 偶尔　　3 经常

1.您是否感到精神紧张，焦虑不安？　1　2　3

2.您是否感到孤独和郁闷苦闷？　1　2　3

3.您是否感到注意力分散？　1　2　3

4.您是否感到容易激动，容易生气？　1　2　3

5.您是否感到无事自烦，情绪低落？　1　2　3

6.您是否感到记忆减退和健忘？　1　2　3

7.您是否感到兴趣变淡，欲望骤减？　1　2　3

8.您是否感到懒于交往和人际关系的淡化？　1　2　3

9.您是否感到精神不振，反应迟钝？　1　2　3

10. 您是否感到想象力缺乏？　1　2　3

11. 您是否感到过于在乎别人对自己的评价？　1　2　3

12. 您是否感到常有无助感，无望空虚？　1　2　3

13. 您是否感到自卑，自闭？　1　2　3

14. 您是否感到工作压力很大？　1　2　3

15. 您是否对工作不感兴趣？　1　2　3

16. 您是否经常上网？　1　2　3

17. 您是否经常上课时注意力不易集中？　1　2　3

18. 您是否感到因为家庭的事而影响到工作？　1　2　3

19. 您是否感到周围的人都在和你作对？　1　2　3

20. 您是否感到很疲倦? 1 2 3

这个身体健康状况自测量表采用3级评分法。即选1得2分，选2得1分，选3得0分，满分60分。得分在51—60，目前您的心理比较健康，请继续保持：得分在36—51，目前您的心理处于亚健康水平，请注意休息、多进行自我调节；得分在36以下，您现在的心理处于不健康水平，请尽快寻求心理咨询师或心理医生的帮助。

· ***人生感悟***

什么是快乐？我们在不开心的时候常常会有这样的疑惑。

其实快乐本来就很简单，很多时候不知不觉哼几句歌，就能体会到一种快乐。快乐就是这样，并不是拥有更多，而是懂得享受你已经拥有的。快乐的人生充满希望，无论是在顺境和逆境中都抱着积极的态度。如果你要问我为什么一个人会快乐？那我会告诉你这样一句话：一个人快乐，不是他拥有的多，而是计较的少。希望这句话你我共勉。

◎ 小学班主任 孩子的心灵工程师 ◎

［本章导读］

教育家加里宁曾经说过这样一段话，他说："很多教师常常忘记他们应该是教育家，而教育家也就是人类灵魂工程师。"从此，"人类灵魂工程师"成为老师特定的称谓，这也是社会给予教师的崇高赞誉。教师这个职业令人尊敬，但是却很少有很人真正了解教师这样一个群体。教师这个群体有着怎样的社会地位？在这个社会中扮演着怎样的角色？了解这个群体又有着怎样的意义呢？

本章从地位和意义两个角度来剖析教师群体中的小学班主任。第一节对小学班主任地位的解读主要是对教师角色的阐释，其中包括教师角色的内涵、形成，以及角色冲突和调试。第二节对了解小学班主任的意义进行了诠释。通过这两小节的描述，突出了班主任是孩子的心灵工程师。

良师益友——重视小学班主任的地位

［本节导读］

教育法规指出：班主任是班集体的组织者和指导者，是学校贯彻党的教育方针、促进学生全面发展的中坚力量。从班主任的这些定位可以看出，班主任有着特殊的主导地位。然而，对班主任地位的描述其实也就是对其角色的定位。班主任是学生学习道路上的引导者，促进和指导学生进行有效学习；班主任是学生日常生活中学习的榜样，一言一行都影响着学生的价值观念和行为规范；班主任是学生班级活动中的管理者，维护班级秩序，为学生营造良好的学习环境；班主任是学生教育教学活动中的创新者，在教育教学实践活动中依靠理论和经验解决问题、推陈出新。

☆★ *身边的故事*

刘老师是一名入职四个月的小学班主任。他上学的时候就一直希望将来能当一名光荣的人民教师。工作之后，他更是花费很多时间和学生们在一起，一起打篮球、吃饭、聊天，无话不谈。学生们不完成作业、上课说话的时候，刘老师也都包容学生，不批评学生。即使学生犯了比较严重的错误，只要在刘老师面前装可怜，刘老师都会原谅他们，并且还要好言安慰。刘老师认为这样的做法学生会理解，同时学生也会感激他。但是，这种做法的效果并不好。比如，他在教室的时候，课堂纪律很好；只要他一离开就乱作一团。他管理的班级的学习成绩也很不好，因此常常受到学校领导的批评。为了改变这种局面，刘老师决定对学生进行严格管理，每天不苟言笑，同学们觉得老师不如以前亲切，学习成绩并没有提高。那么，刘老师的教育方式究竟出了什么问题了呢？

· *心灵寄语*

刘老师为什么会陷入这种尴尬的境地呢？他满腔的热忱为什么却换不来学校领导、家长和学生们的认可呢？其实这是角色冲突的一个比较典型的案例。很多班主任，尤其是刚入职的年轻教师，在真正成为一名教师之前都对教师这个职业充满了无限的向往。将自己脑海中的教师形象过分美好化，认为教师就应该是十分平易近人，完全的不考虑教师的真正作用是做学生生活中的领航者。尤其是班主任，本身小学生正处于身心发展的关键时期，心理发展尚不成熟。班主任如果完全以朋友的身份和学生相处，很容易被学生当作是玩伴，而对班主任的教导置若罔闻。这是由于教师的角色冲突造成的。

☆★ 心理课堂

· 角色

“角色”一词源于戏剧，最早指演员扮演的剧中人物。如今被广泛地运用到了社会心理学中。米德使用社会角色来说明人际交往中存在的可预见的互动行为模式。一般认为，角色是个体因占据一定的社会位置而产生的行为模式。如教师角色、学生角色等。

在社会生活中，处于不同的社会地位的人扮演着不同的角色。如今，角色这个概念早已经成为一个重要的“连结”概念。

· 教师角色的定义

古代有一些关于教师角色及其功能的描述，《礼记·学记》中“君子既知教之所由兴；又知教之所由废，然后可以为师”。在瑞典教育学家胡森主编的简明教育百科全书中，对教师角色所代表的含义作了三种解释：(1) 教师角色就是教师行为；(2) 教师角色就是教师的社会地位；(3) 教师角色就是对教师的期望。在陈琦、刘儒德主编的《当代教育心理学》一书中指出，教师要在教学中扮演以下重要角色：(1) 设计者；(2) 信息源；(3) 指导者和促进者；(4) 组织者和管理者 (5) 平等中的首席；(6) 反思者与研究者；(7) 终身学习者。

可以看出，教师角色实际上就是教师在教育教学的活动中呈现出的符合教师所处的社会地位和身份的心理品质和个体行为。

· 教师角色的内涵

角色扮演的过程中含有角色期待、角色领悟和角色实践三个要素。我们可以赋予教师角色这样三方面的内涵：

＞ 教师角色即对教师的期待

对教师的期待主要包括社会、学校、家长、学生和教师自己对教师这个角色的期待。这种期待显然很难满足所有人。社会希望教师能够让学生们全面发展；学校只希望教师能够提高升学率；家长希望教师能让自己的孩子学习成绩提高；学生希望教师不给自己太大的压力，希望能够有更多玩的时间。而教师的期望是比较复杂的，这些期望很容易让教师发生我们下面将要讲到的角色内冲突。

> *教师角色即教师的作用*

教师的作用实际就是教师在教学活动中扮演的不同的角色而承担的不同的教学任务。这就像上面我们提到的，教师可以是学生们学习中的引导者、生活中的榜样、活动中的管理者、教学中的创新者等等，教师的作用就包括了引导、榜样、组织、创新等等。

> *教师角色即教师的行为*

教师的行为是教师在教育教学活动中的外在表现。这些行为很有可能直接影响到了学生们的行为。这相当于班杜拉社会认知理论中的替代性学习，替代性学习是通过观察别人而进行的学习。在学习过程中学习者没有外显的行为。人类的大部分学习是替代性学习，学生对教师的行为进行观察而进行的学习就是替代性学习。因此，教师的行为对学生是比较有影响的。

· ***教师的角色冲突***

角色冲突实际上是角色失调的表现形式之一，是角色失调中比较常见的一个问题。所谓角色冲突是指个体不能满足多种角色要求或期待而造成的内心或情感的矛盾和冲突。

从社会心理学的角度来看，教师的角色冲突主要分为两种：

> *角色间冲突*

角色间冲突主要是指同一主体的两个或两个以上角色之间的矛盾所导致的冲突。像上面这个例子就属于角色内冲突，刘老师在扮演教师角色的同时又希望扮演学生们的朋友，而他只表现出了朋友的亲切而没有表现出教师对学生错误的纠正和引导。最后，造成了角色失调。

> 角色内冲突

角色内冲突主要是由于人们对同一角色有不同的期待所引起的冲突。教师在发挥自己作用的同时，很难符合各个方面的期望。因此，教师的个人角色行为与社会所期望的角色行为产生了冲突，造成了角色内冲突，使教师在心理上产生了矛盾感和挫败感。

那么，从教师角色冲突产生的根源入手，孙龙存将教师角色冲突分为以下几种类型：(1) 所扮演角色的转换引发的角色冲突，教师在日常生活中需要及时、频繁地转换角色。(2) 不同角色期待引发的角色冲突。(3) 对教师行为的不同理解引发的角色冲突，作为“一个人的教师”和“一个教师的人”之间经常会发生冲突。(4) 高付出与低待遇引发的角色冲突。(5) 角色责任与自我价值实现引发角色冲突。(6) 角色扮演竞争引发的角色冲突。(7) 学校机构的特征引发的角色冲突。

☆★ 心理调试

并不是每个人都能时时刻刻地扮演好自己的社会角色，一时的角色冲突并没有什么。对于班主任来说，适当的冲突有助于适应角色的要求，促进学习。但是角色冲突很有可能使班主任的身心备受煎熬的同时，影响了班主任工作的积极性。郑婷芳和连容在调查新课程改革标准背景下教师角色内心理冲突时显示，教师的角色冲突平均水平不高，多数教师能调整好自己的身心来应对变革。然而教师角色冲突的加剧在一定程度上影响了教师的角色认知。而且大量调查表明，教师角色冲突加剧已成为导致教师心理健康状况不佳和出现职业倦怠的重要原因。而影响班主任心理健康的主要因素大多与教学、科研、工作中的冲突有关，如工作时间较长、工作上没有达到自我实现、归属于爱的需要没有被满足、竞争上岗所产生的心理压力等等。

可见，角色冲突已经成为我们迫切需要解决的问题，而解决角色冲突最好的办法就是对角色冲突进行调试。因为班主任的角色冲突与他们所处的学校环境、社会环境和他们个人有着密切的联系，因此角色冲突的调试实际上也就是对他们这三方面的调试。

· ***具体措施***

针对小学班主任角色冲突调试，我们可以从以下几个方面入手。

> *提高自身素养，重视角色学习。*

班主任只有主观上努力才能够更好地对角色冲突进行调试。忙碌的工作让很多教师忽视了对于自身角色的学习，不理解自己所扮演的是怎样的社会角色就不能够具备角色适应的能力。很多班主任往往会对自己所从事的职业有理想化的认知，因此才导致了角色冲突的发生。可见，角色学习是成为一名身心健康的班主任的先决条件。只有这样，班主任才会最大限度地发挥自己的才能，获得心理上的满足。班主任的自身素养决定了班主任进行自觉地休息涵养及其综合发展水平。因此，提高班主任的自身素养极其重要。

那么，班主任应该具备哪些素养呢？通常来说，教师素养包含三个层面，即文化底蕴、教育追求、教育智慧。教育追求和教育智慧只能从我们内心生长出来，其长势如何取决于土壤的肥沃程度——我们的文化底蕴，我们的学识修养、心性修养、精神修养。

当然，班主任首先必须具备的就是好的心理素养，教师心理素养应由以下三个方面构成。

(1) 解决学生心理矛盾的观念系统。

(2) 解决学生心理矛盾的实践系统。

(3) 解决自身心理矛盾的实践系统。

> *整合角色行为，建立角色系统。*

班主任角色扮演的过程中会有一些行为不适应，因此而诱发了角色冲突。整合这些不适应的行为，客观评价和准确定位自己，缩小角色差距。随着社会的飞速发展，社会对教师的角色期望日趋复杂。班主任在审视了自己的价值观、社会的衡量标准、学校的规章制度和学生对教师的期许之后，需要建立一套比较完善的角色系统。面对不同的角色需要，表现不同的角色行为，适应其职业角色。

那么，班主任在整合角色行为的过程中，怎样合理地安排自己的时间呢？

(1) 班主任应该注意安排工作的先后顺序。

(2) 尽量减少“疲劳战”。

> *协调角色实践过程中的各种关系，体验成功的快乐。*

在班主任协调期望角色、领悟角色与时间角色三者之间关系的过程中，可以有比较愉快的角色体验。角色冲突问题的合理解决让班主任提高了自我认同感，同时也让社会、学校、家长和学生满意。并且，也增强了通过自身努力解决问题的自信，有利于班主任自我能力的提高。严格意义上来说，能够对角色关系进行合理协调的班主任才能称得上是合格的老师。

班主任在学校是“教师”，在自己的儿女面前是“父亲”“母亲”，在自己的父母面前又是“儿子”“女儿”，在其他教师面前又是“同事”。班主任往往需要扮演不同的社会角色，然而班主任的工作和生活不会有一个严格的时间界限将它们划分开来。因此，班主任应该努力的协调这些角色之间的关系。

> *寻求社会支持，改善自我认识。*

从学校、社会那里寻求支持是进行角色调试的有效办法。社会支持可以给班主任提供宣泄消极情绪的机会；可以改善班主任自我价值和自我概念的认识。自尊心的增强有助于提高应对压力的能力，社会支持通过提供信息来帮助教师重新解释和理解自身的角色冲突，从而摆脱角色冲突的困扰。当班主任了解到面对这些困惑的不只是自己，许多人与自己面对一样的压力，有助于班主任缓解对压力的体验。

- ***小建议***

(一) 做真实的自己的同时，别忘了戴上老师的面具；

(二) 你是学生们的朋友，更是学生们的老师；

(三) 你与那些孩子的玩伴们唯一不同的是，你更是他们的引导者；

(四) 指明道路是你首先要帮你的学生做的事;

(五) 时刻保持教师应有的品质和风格;

(六) 父母是孩子们的第一任老师，班主任是孩子们的第二任父母

☆★ *在线互动*

做为小学班主任的你是否对自我角色期望有所了解呢？下面的问题也许能帮你回答。请根据您从教以来的实际感觉，在适当的数字上用“√”表示。

1 无　　2 偶尔　　3 经常

01.您是否感到教师这个职业薪资过低？ 1 2 3

02.您是否感到教师这个职业不如你想象中的那么好？ 1 2 3

03.您当了教师之后是否有失落感？ 1 2 3

04.您觉得教师这个职业并不是您期望的职业？ 1 2 3

05.您觉得工作的薪酬很重要？ 1 2 3

06.您有时候甚至有辞职这种想法？ 1 2 3

07.您为不能从事其他工作而沮丧？ 1 2 3

08.您正悄悄计划着要放弃教师这个职业？ 1 2 3

09.您常常感觉不想工作？ 1 2 3

10. 您一想到自己的工作就头疼？ 1 2 3

11. 您常常羡慕除了教师以外的职业？ 1 2 3

12. 您常常忍不住抱怨自己的工作？ 1 2 3

13. 您常常觉得教师这个工作很枯燥？ 1 2 3

14. 您是否感到自己的学生很不听话？ 1 2 3

15. 您是否感到无法管理好班级？ 1 2 3

16. 您是否感到讨厌面对学生? 1 2 3

17. 您是否感到没有几个学生让您省心? 1 2 3

18. 您是否常常抱怨学生太调皮? 1 2 3

19. 您面对学生是否经常忍不住发火? 1 2 3

20. 您是否因为学生难管理而想放弃工作? 1 2 3

这个身体健康状况自测量表采用3级评分法。即选1得3分,选2得2分,选3得1分,满分60分。得分在51—60,您是有着很强的无私奉献倾向的教师,立志在长期的教学工作中继续下去,并期望运用更多的个人辅导策略;得分在36—51,您是属于"无私奉献"和"自我满足"中间型的教师,可以继续从事教师这项工作,也可以寻求其他的发展;得分在36以下,您是拥有很强的自我满足倾向的教师,可能会对学校管理职位很渴望,或脱离教学工作寻求其他的管理或社会职位。

· ***人生感悟***

什么是感恩?我们常常这样问自己?

其实,我们在感恩的别人同时也救赎了我们自己。因为,生活需要一颗感恩的心来创造,一颗感恩的心需要生活来滋养。

任重道远——了解小学班主任的意义

[本节导读]

班主任的工作既重要又琐碎:乱扔东西,打架斗殴,值日打扫,学习成绩提高了,学习成绩下降了等等，处处都能体现班主任工作的重要意义。无论大事小情，都可能为学生的人生带来想象不到的改变：处理的好，学生能够学到很多的知识，同时吸取更多的经验，健康的成长；处理的不好，即强化学生错误的频率，不利于学生身心健康，将来更可能导致人生不可磨灭的错误。班主任时刻围绕小学生身心发展特点进行工作的开展，不断整合各种资源，在配合学校工作计划的同时，协调好学校、家长和学生三方面关系，不断探索，发掘更好的教书育人规律，其重要性不能一语概括。

☆★ 身边的故事

小刘是一名优秀的小学语文教师，有五年的教龄，担任班主任工作却只有一年时间，对于他们班上的学生，小刘可是深有感触。

刚刚接触这个班级时，很多任课教师说，这个班级的学生淘气的太多，管也管不过来，实在是有够气人。现在这个班级原来的班主任生病住院，已经在没有班主任的情况下“放养”一个月了。小刘被学校任命为班级的新班主任，“天降大任”于小刘，这是一个锻炼的机会，他相信自己能教好语文课，就能胜任班主任工作。

可是深度接触才发现，班主任的工作很重要，既是枢纽，也是领导者，不是简单的管理学生，而是充满智慧的与学生相互成长的过程。小刘希望自己能将重点工作落在养成学生习惯的教育上，对孩子人格教培养，行为引导，心理调节等等。现实中的孩子们纪律非常不好，作业不爱完成，学习成绩是平行班级中最差的，因此，要想改变这一现状是有一定难度的。

当用心思的研究过这个班级后，小刘开始着手改造班级。首先，制定班级制度。班级没有一个合理的班级制度，在征得大多数同学的意见后，用两节班会课的时间定下了一个相对公平的班级制度。这样做既维护了班级的纪律，也尊重了学生的个人意见。由于这个班级制度是大家共同制定的，因此，同学们大都很遵守。其次，班级的成绩不是短时间能够解决的，需要大家认识到学习的重要性，在各科老师的帮助之下共同进步。小刘还设立了小红花等表扬的方式，用以促进学生学习、维持纪律。最后，在班级管理上小刘将家访和学生谈话放在了首位，并有了非常多得收获。

现在这个班级已经与其他平行班级不相上下，并且，班级纪律有了很大的提升。任课教师们现在最喜欢在这个班级上课，学生活泼可爱，回答问题积极，特别是语言丰富，大家都说，这大部分成功都归功于教语文的班主任小刘吧。

· *心灵寄语*

当一个优秀班级的班主任可能是比较容易的事情，而不够优秀的班级更加需要班主任的爱，他们需要心灵的导师，需要导师以积极的态度用更多的细心、耐心去浇灌。案例中的班级是一个人人都头疼的所谓的差班，班级各方面都要比其他平行班级差一些，但是并不是所有学生都是无药可救，而是需要一个耐心的班主任以正确的态度来引领。小刘是一名出色的语文教师，现在也成为了一名优秀的班主任，他抱着一定能带好这个班级的坚定的态度，运用正确的方式方法改变了学生们从前的学习生活环境，与学生一同重新创造了一个全新的班级。从一开始，小刘就摆正自己的位置，对学生的态度没有厌恶，没有不耐，有的是真诚的爱，才让学生们在短短一年时间进步神速。

☆★ 心理课堂

当班主任对学校领导的态度是敬仰和严肃时，小学生会将班级制度和学校制度遵守的很好；当班主任对学生的态度是关怀时，学生能够体谅班主任的苦心，有时还会发展到关心长辈和身边的同学朋友；当班主任对后进生和成绩好的学生的态度是一视同仁时，学生们自会懂得互帮互助、共同进步。班主任工作具有重要的意义，体现在以下各个方面：

· ***小学班主任意义***

(1) 班主任是学校教学工作实施的重要枢纽

每所小学的领导都必须按照国家的教育方针对不同年级的学生实施教学计划，

方案的实施在于班主任的工作配合。其中教学计划中包含对学生的德育教育和班级管理方面，也包括对班主任个人的能力提高要求，这些都需要班主任躬亲执行，积极贯彻落实学校提出的教学要求，出色完成上级教给的各项任务。因此，班主任是学校教学工作实施的重要枢纽。

⑵ 班主任是学生心灵的引领者，知识世界的导师

小学生处在身心成长的关键阶段，在这个阶段当中，小学生知识经验贫乏，不够自立，道德理念也还处于不完善时期。班主任在各个方面都是小学生的表率，小学生从班主任的态度当中进行模仿学习，无形当中，班主任就已经成为了小学生精神和行为的指导者。班主任充分发挥自己的班级管理能力，把个性不同的小学生们都组织起来，形成良好的班级环境，从而进行良好的集体学习和生活，促进了学生们进行知识的交流。

⑶ 班主任是学科教育的组织者

课堂可以说是小学生进行吸收知识最佳的地方，在班级当中，除了班主任对学生进行教育之外，任课教师也起着功不可没的作用。在这里，班主任也需要将任课教师团结在一起，形成有针对性的教育课堂，在相同的课堂对不同的学生进行因材施教。

学生和班主任朝夕相处，班主任的一言一行，都是学生们模仿的榜样，都会给学生的心灵打上深深的烙印。因此，班主任具有良好的态度非常重要。

- ***态度概述***

人处在社会生活中，会对他人及社会事务产生认知活动，同时也会在认知的基础上对人和各种事物产生一定的态度。态度影响人如何去待人处事，并且态度的改变有可能影响事态发展原本的方向和结果。

在教育教学过程当中，学生对班主任的态度十分的敏感。班主任和小学生的生活是不可分割的，它是小学生的精神导师，在德育方面引领学生遵守学校的日常行为规范，即是遵守学校阶段的道德规范；在管理方面带领班干部共同维护班级纪律，制定先进的班级计划；在生活方面处理各种学生问题，包括问题学生、学生学习成绩和学生学习生活等等。因此班主任的各方面态度都对小学生产生方方面面的影响。

· ***态度的改变***

态度的改变分为两种，一种是一致性的改变，即量变，只是改变态度的强度而不改变态度的本质。比如教师不喜欢某某学生上课过于活泼，之后学生又有一次逃课的经历，这位教师更加不喜欢这个学生。另一种是不一致性的改变，即质变，是指性质不同的改变。比如上例中的学生帮助一个脚受伤的另一个学生做值日，这位教师从不喜欢这个学生到有点喜欢。通常所谓的态度是指后者，即质变。态度的形成和改变之间存在着辩证的关系，态度形成就有了改变的可能，而态度的改变就是新态度的形成。

(1) 小学班主任态度的自我改变

> 班主任的态度具有稳定性，不易改变

班主任每天都同小学生在一起，相对单一的社会群体关系，使班主任保持良好的态度稳定性，导致班主任很难改变态度。

> 班主任的态度改变具有主动性

班主任的工作是复杂的，参与很多工作内容，因此，对于新知识的吸取和旧知识的摒弃能够保持新旧更替学习。

> 班主任的态度具有内隐性

班主任对于学生时常保留真实的情绪体验，对于身心都没有成熟的小学生而言，成人的世界他们并不能够完全接受，因此，班主任用小学生年龄阶段能够接受的表达方式进行沟通和交流。把不能被小学生接受的真实情感和态度隐藏起来，做出小学生能够接受的表达方式。因此态度改变的实质并不一定是真正的质变，有可能只是表面的变化。

(2) **班主任对学生态度的改变**

改变学生的不良态度或建立一种新态度虽然比较困难，但并不是不可能的。不同的班主任采取不同的办法，有的班主任运用强制的措施或是体罚的办法，但只这并不能从根本上改变小学生不良的态度，只能从表面上让小学生感到附和。只有当班主任正确引导，悉心调教才能让小学生真正的改变态度。教师引导学生的主要措施有：

>*及时强化*。旧的不良态度比较固定，改变态度必须坚持不懈的要求并在改变同时及时表扬。向学生提出明确具体的要求，让学生形成相反的态度，并及时强化，真正改变旧态度，以全新的态度适应周围情境。

>*活动引导*。通过适当的活动引导学生改变学生原有态度。比如，当学生不喜欢某一学科时，班主任适当组织学生参与有关学科的知识竞赛或者其他活动，使学生对学科产生浓厚的兴趣，并在实践中努力取得成绩，了解学科学习的技巧，学生态度才有改变的可能。

>*集体影响*。每个小学生都处在集体当中，因此，依靠集体来改变学生的态度，能够收到意想不到的效果。集体氛围对学生态度的改变也具有很大影响，良好的体育氛围促使学生热爱体育锻炼，音乐氛围让学生们对音符产生强烈的喜爱。

☆★ *心理调试*

成为一名出色的小学班主任，需要具备优秀的品质。在人生的道路上，总会遇到许多困难和挫折。你是因为困难而一蹶不振呢，还是越挫越勇呢？这取决于你的态度是怎么样的。如果你抱着必然失败的自卑心态，那么，任何荣誉和成功都与你失之交臂；如果你能够勇敢的面对，吸取教训，那么，前方就是胜利的旗帜为你飘扬。

· *具体措施*

态度由细节决定，生活细节与个人发展息息相关，那么该如何注重培养良好的生活细节，从而促进个人发展呢？

> *培养细节*。认真阅读关于细节培养的书籍，增加见识，逐渐培养自身的细节观念，保持优良的生活习惯，把握生活细节给我们带来的进步。

> *远离污染*。在工作中保持办公地点和心灵的整洁，凌乱的工作环境不但让身体饱受污染，同时心中的情绪也会受到相对的干扰，对生活的态度在习惯中渐渐改变，不再抱有热情的生活态度。心灵污浊的人想尽办法进行不法行为，不但自己无法安心工作，同时使公司的利益蒙受损失。

> 公私分*明很重要*。在上班时间要遵守单位的规定，而不是三心二意或者利用公事便利牟取私利，既影响工作完成，又会成为上级和同事心中不积极工作的人。在其职谋其政，这不仅是小的细节，但也表现了最基本的职业道德和做人原则。在下班之后，应该享受平静而简单的生活环境，为自己倒杯水，听听舒缓的音乐，缓解一天以来的压力。让自己能够劳逸结合，合理安排教学同活动的时间。

> *时间观念要强烈*。可以说时间是我们最容易忽视的细节，也许小事情迟到一点没关系，不会影响到生活正常的轨迹，也不会影响工作的进程。其实不然，班主任是学生精神和行为的典范，小学生行为习惯多数是在模仿长辈的行为，而班主任是最佳模仿的榜样，因此，时间观念既是小细节，同时也是影响小学生一生的生活习惯。在工作期间，如果班主任经常迟到，这也会让学校领导不满，从而给班级带来不良影响。

一个人能否拥有大的成就要看这个人是否注重细节的把握。细节能够体现一个人的责任心是否强烈，马马虎虎的人在工作当中是不能够得到同事和领导的信任的。注重细节不但是一种行为习惯，一种生活态度，也是做人的理念。注重细节的人能够在学习和工作中发现新的创新点，创造新的产品，开发新的领域等等。

· **小建议**

> *对父母要有孝顺的态度，不随便顶嘴。*

> *对朋友要有真诚的态度，不敷衍了事。*

> *对领导要有尊重的态度，不心口不一。*

> *对学生要有爱护的态度，不随意打骂。*

☆★ *在线互动*

有时小学班主任也会对自己的职业态度充满疑问，下面的问题会帮助我们了解自己对班主任工作的态度是怎样的：

1 很同意	2 有点同意	3 同意	4不太同意	5很不同意

1.我对现在的工作现状充满自信。（ ）

2.我对自己的工作能力予以肯定。（ ）

3.我喜欢自己的班主任工作。（ ）

4.我总是提出自己的见解。（ ）

5.教学经验的增长让我自信心也不断提高。（ ）

6.我总能提出新颖的教学策略，适应学生的不同时期的教学。（ ）

7.我对教学工作没有沮丧的时候。（ ）

8.不愉快的事情，我从不影响到学生。（ ）

9.我擅长与学生沟通。（ ）

10.家长对我很信任。（ ）

11.我相信我的教育方式能够让学生获得进步。（ ）

12.我喜欢承担更有挑战性的班主任教育或教学任务。（ ）

13.为学生的学习进步，我不怕任何困难。 （ ）

14.我坚持我认为对的沟通方式，指导学生朝好的方向发展。 （ ）

15.我会坚持我认为好的教学方法，直到达到较好的效果。 （ ）

16.当教学效果很差时，我会改变原来的教学方法。 （ ）

17.我会利用固定的时间进行作业批改。 （ ）

18.我愿意用课外时间与学生进行接触。 （ ）

19.即使学生成绩不理想，我也不会放弃。 （ ）

20.当学生遇到烦心的问题，我会尽全力给予帮助。 （ ）

每道题的得分情况如下：选择1的得5分，选择2的得4分，选择3的得3分，选择4的得2分，选择5的得1分。得分在80分以上的，表示对班主任工作态度积极；得分在60分以下，表示对班主任工作态度一般；得分在40分以下，表示对班主任工作态度很差。

· **人生感悟**

知足常乐。世界上的事情总是在变化，保持一颗平常心，不去用利益、权力和金钱等来衡量人生的价值，才能拥有快乐的情绪。保持一颗平衡的心理，就要对一切事情持有豁达乐观的态度。宰相肚里能撑船，班主任要给予小学生的学习和生活更多的宽容和爱，保持一颗恒爱的心，每个人都会笑容满面。

◎ 冲破心理牢笼——直面职业阶段问题 ◎

[本章导读]

班主任是学校中非常重要的职务，它承载着学校工作的重担，为学生进行德、智、体、美全面发展提供更好的班级环境，全面负责班级管理各项事物，促进学生进行健康的身心发展。在承担班主任这一职责的同时，也就意味着接受更多的挑战，才能做到最好。任何一种职业都是坎坷多于平静，向前行总是需要更多的努力，但却可以看到更多的风景，同时为后人留下一条通往美好的道路。乘风破浪使班主任不断成长，为国家培养了一批批茁壮的“幼苗”。

本章根据班主任在任职期间经历的三个时期展开讲述。在生疏期加强知识储备，厚积薄发；在成熟期关注经验积累，驾轻就熟；在倦怠期应对各种问题，泰然处之。大多数班主任也同时担任一到两个科目课程教学。因此，班主任不但要具备专业的课程知识，同时还要了解班主任的相关工作知识。其肩上的重担可想而知，因此，想要成为优秀班主任，首先就要冲破心理牢笼，直面各个时期的心理问题。

厚积薄发——加强生疏期的知识储备

[本节导读]

一个有名的教授在给自己的学生上哲学课程，这节课上，他带来了一个大号的烧杯，在杯子里放了几个大石子，接下来教授问学生们：“这个杯子满了么？”

学生们齐声回答：“满了！”

接下来教授又将沙子沿着石子的缝隙放进去，问道：“这回，这个杯子满了么？”

学生们有的犹豫说:“满了吧”,有的说:“没有满吧”

这时教授笑了笑,又拿来了一杯水,慢慢的向实验中的烧杯倒去,直到烧杯不能接受更多的水,才停止下来,继续问学生们:“这回,这个杯子满了么?”

人的智慧就像这个大烧杯,只有各种知识才能让我们成为一个智者。班主任不但是一名管理者,同时又是一名辛勤的教师,在求知的小学生面前,教师就意味着知识的海洋,能够徜徉在这样一个充满神秘世界的海洋中,是所有小学生的梦想。因此,教师应该具备深厚的管理能力和专业的知识储备。

☆★ *身边的故事*

小徐老师是一名刚刚毕业的师范学生,在大学里学的是中文,就理所当然的成为了一名小学语文教师。由于小徐老师是在重点大学毕业,因此,学校决定委以重任,让他兼任这个班级的班主任。小徐当然很重视这次机会,决定把这个班管理的比其他班级都要优秀,以证明自己的实力。

刚刚上任的小徐每天早上五点起床,从早自习开始就坐在班级看着学生自习,只要有空就会来到班级“监视”,当然晚自习也不放过。为了有过硬的专业知识,每天回到家备课、批改作业到晚上十点。这之后他把当天班级发生的事情都记在一个本子上,包括语文课上学生回答问题的积极性,同学们是否认真呵护班级卫生,甚至哪位学生因为什么事情哭过,他都有记载。当然这些资料都是他自己观察到的,还有其他任课教师反映的,然而小徐得到学生给的反馈却寥寥无几,他想,可能是由于自己当班主任时间不长,班干部并不是很信任自己吧。

第二天,小徐将几个班干部叫到自己办公室,让他们说班级发生的事情,包括学生在课堂上的表现和课间自己不在时的发生的事情,开始学生们并不愿意说同学的坏话,但在老师的威严下,说出了所有。

谈话后,小徐将班干部说的表现不好的学生叫到办公室,进行教导。就这样,小徐领导的班级逐渐没人敢犯错误，纪律是平行班级最好的，但问题也出现了，班干部们都不想继续为班级服务了，学生们在老师在的时候是乖学生，而老师不在时，他们就会说班干部是“长舌”。学生们都防着老师的“眼线”，除了语文成绩，其他科目成绩都下降很多。

看到成绩的那一刻，小徐骇然了，这不是自己想要的结果。当小徐走进班级时，同学们那害怕又有点讨厌的眼神，让小徐不知所措，到底哪个环节出了问题呢？

· ***心灵寄语***

一件优秀的艺术品需要好的雕塑师精雕细琢，每个班级的学生都是一块未经发掘的宝玉，这需要班主任用心去感受学生的勤奋，用爱去感动学生的错误，用智慧去管理班级的集体。而不是利用磨灭学生所有的“锐利”来培养学生，这不但影响他们身心的健康发展，同时让学生无法表露真实的自己，从而易形成表里不一的性格。

生疏期的班主任不但需要炙热的工作情绪，同时需要相应的工作经验与能力。在实践中一步一步的摸索，在失败中总结教训，最终一定会成为出色的班主任。

☆★ 心理课堂

班级管理的重要性日益突出，班主任应具备各个方面专业的知识和技能，包括所教学科的专业知识和班主任专业技能等等。班主任在生疏期所面对的每个案例中存在的问题都是积累知识的前提，因此，我们需要不断的完善自己。每个班主任又都是一名任课教师，因此，在班主任工作之余，还应该提高教学的质与量。班主任的主要工作是让学生在学校期间能够学有所长，因此，在教育教学过程中还应不断反思自己的言行、举止，经常地审视自己，提升教育理念、完善人格塑造。

· ***人格概述***

人格也称为个性，这个概念源于希腊语Persona，原来主要指的是演员在舞台上所戴的面具，用来遮掩原本的面容，表现另外的角色。后来在心理学中将原本的含义泛化，表示在人生的舞台剧当中，人们会根据在不同的情境中表现不同角色的自己，而这些面具就是指人格的外在表现。每个人都在不同的社会角色当中扮演不同的角色，而角色面具同面具后真实的自己并不一定完全相同。人格在心理学当中是指一个人与社会环境相互作用表现出的一种独特的行为模式、思想模式和情绪反应的特征，也是区别于他人的特征之一。

心理学中的人格包括两个部分，即性格和气质。性格是人的稳定个性的心理特征，表现在对现实的态度和相应的行为方式上。平时人们很容易用性格为人格表上色彩，比如好性格的老师，总是给学生以温暖的感觉。气质是指人的行为模式的代表性特征。不同的人气质不同，比如同样是处理小学生不完成作业的事例，有的班主任很快处理完事件，但是粗暴的很，给学生害怕的感觉，这可能是多血质的人；有的班主任温柔的处理，温声细语耐心教导，给学生悉心受教的感觉，这可能是黏液质的人。

☆★ 视窗

古希腊名医生希波克拉底认为人体内有四种体液，某种体液占主导，其行为方式，反应和情绪表现就带有这一类型的特点，这就是他的气质类型的体液说，他把人的气质分为多血质、胆汁质、黏液质、抑制质四种，但他还不能对气质做科学的解释。

- **多血质**

优点：外向、活泼好动；轻松愉快、热情、可亲、开朗、豁达；好交际、健谈、机敏；适应能力强、善组织、工作有效率、富有朝气；表情丰富、情绪发生迅速丰富多变；反应敏捷、对新事物敏感而不深刻。

缺点：兴趣广泛而浮躁、易随波逐流；轻率不踏实、事不遂心则热情锐减；情感不易深沉、易见异思迁；缺乏耐力与毅力、易轻率作决定。

- **胆汁质**

优点：外向而兴奋精力充沛；情绪发生迅速、强烈、热情、乐观、率直、语言、行动迅速、雷厉风行；能克服困难埋头工作、果敢、坚持。

缺点：冲动、莽撞、易怒而难以自制；刚愎、暴躁、倔强甚至挑衅；一旦精力耗尽则情绪低落、信心受挫；烦躁、粗心。

· **黏液质**

优点：内向、沉静、谨慎、稳重；语言动作迟缓、不易暴露内心活动、性情平和；办事认真、细心、有韧性、严守秩序、有条理；不善言谈、交际、忍让、务实、可依赖。

缺点：执拗、不灵活、适应能力差；迟钝、被动、冷淡、显得落落寡合、有惰性、保守、萎靡不振。

· **抑郁质**

优点：内向、柔弱、敏感、腼腆；情绪发生慢而体验强烈；严肃、不怕困难、善于体察别人不易发现的问题。

缺点：情绪脆弱，畏缩、顺从；多愁善感；胆小，忧心忡忡；落落寡合、冷漠、多疑、犹豫不决；缺乏自信，常为小事而动感情。

· ***小学班主任人格魅力塑造***

> *形象魅力塑造完美班主任的外在人格*。班主任风度翩翩，气质脱俗，表情丰富，性格开朗，语言优美，动作柔美，板书工整。这些外在的表现在无形当中影响学生的行为习惯和身心发展。学生在看到班主任的谦谦君子表现，没有理由不热爱班级，热衷学习；看到班主任专业着装，学生会主动学习文化课，与班主任相互协作完成教学任务。

> *专业知识和技能完善班主任内在人格*。班主任在学生的心目中是一本活的知识宝典，不论在课外活动当中，还是在野外郊游当中，都需要班主任为学生讲解许多书本上看不到的知识，包括生活常识等，班主任学识渊博才能对学生产生潜移默化的作用。现在的课堂不仅仅需要讲解书本上的固定知识，还要教师加以扩展，才能满

足学生的越来越强的求知欲，在社会高科技的发展下，多媒体辅助教学也越来越多的走入小学校园，这更加促进班主任对知识的渴求。当然，教师只有更多的读书，才能才能保证深厚的知识底蕴、宽广的视野和全面的科学素养。

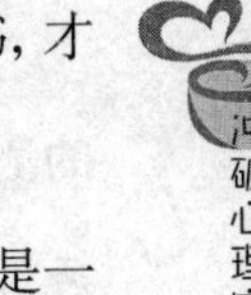

> *无私的爱丰富班主任的灵魂魅力*。班主任的爱是世间最伟大的爱之一，是一种伟大的力量，能够为学生带来生命光彩，温暖学生幼小的心灵，让学生在融入班主任的爱当中，就像依然在母亲的怀抱，安心的学习和生活。

> *高尚的师德决定高尚的人格魅力*。学生的道德观念就像一张白纸，任班主任在其上面书写绘画，班主任的言行时刻影响小学生的世界观和人生观，为小学生的道德世界增添各种成人世界的道德色彩。当班主任用美好的师德形象影响和教育小学生，小学生的思想品德就会得到良好的发展。看过这样一段话：思想决定行为，行为养成习惯，习惯影响道德，道德改变命运。道德和命运之间仅仅是一笔之隔，因此，班主任应该更加重视个人品德培养，为人格魅力增添一分决定性色彩。

☆★ 心理调试

人格随着年龄和阅历的增长，而逐渐完善起来。知识的增加能够促进人格更加完善。班主任只有使自己不断充实智慧，才能发挥好教授和学习、教师和学生之间的重要作用，做到德、育、体、美、劳全面发展，使学生身心得到良好教育。

· 具体措施

近些年我国对教育的师资投入越来越大，现代教育技术相继出现在小学教学当中，社会发展迅速的同时，社会对教师的质量要求越来越高，带给了小学教师更多的压力。我国班主任承担更重要的责任，面对教育任务复杂性特点，“为人师表”这种世人心目中的想法让社会和班主任本人都对自己报以很高的期望，这样的期望给了班主任更高要求。因此，班主任需要应用专业知识来解决所面临的教学问题和非教学问题。

· **首先，课本要“吃”透，提升班主任教学质量。**

一个班级的好坏虽然不是由成绩决定的，但考试成绩是学生接受课堂教学最好的测评标准。有的班主任会说，我每天要给学生上课，早晚自己要管理班级大小事务，偶尔与学生家长沟通，放学还要批改学生作业，哪有时间多看课本啊。还有的老班主任认为，这个课本已经教过很多遍了，已经能背下课本内容了。但事实上，近些年小学本一直在整改当中，吸收了很多新鲜教育实例，并不是按部就班就能够让学生学到更多的知识，只有不断的接受新事物，从中吸取精华，才能带给学生更好的教育，才能让教育事业发展到世界的前沿。教师多读书不但不浪费时间，而且能更好地为学生演绎课本的精华，形成良好的读书习惯还能在无形当中成为学生学习的榜样，学生在模仿学习的过程当中，也会成为喜欢读书的人。

· **其次，知识多元化，提高班主任综合素质。**

小学阶段是儿童最具创造性的年龄阶段，也是是身心发展的关键时期，因此，需要教师多方面关注，进行素质教育也是促进小学生身心全面发展的重要阶段。作为班主任，更应该注意以学生身心发展特点为基准，让学生从德智体美劳方方面面综合发展。这就需要班主任拥有全面的知识，包括生理、心理、德育、体育等等。只有头脑中有各方面知识的班主任，才能在学生缺乏营养时或心理困惑等情况及时发现，并向家长或学校及时沟通，解决存在的问题，避免造成更多人的困扰。第一，了解每个学生的身心发展特点，有利于因材施教。身心发展特点在后天环境、教育、实践活动等因素的影响下逐步形成起来。了解每个学生的身体发育是否正常、心理素质是否健康，这是班主任为每个学生负责的表现。当发现身体发育不正常，或者心理素质不健全的学生时，班主任应当及时向家长或学校领导沟通，采取恰当的方式来给予学生最大的帮助。第四，从书籍，网络，相关案例和理论方面。我们可以学习相关的理论知识，同时从类似案例中，找寻适合的班主任技巧，既可以轻松解决学生的矛盾，同时成长了自己。

· **再次，多记笔记，及时反思。**

问题学生总有相似的地方，如果把这样的案例记录下来，同其他班主任共同沟通，利用众人的智慧，解决问题。好的学生有和他性格一样的学习方法，共同学习，作为学生的学习榜样。不了解小学生这一年龄阶段的智力发展、思维特点等等，就谈不上教育。

· **小建议**

> 写下每时每刻认为很美的情境，加上人物，编成小故事。

> 边读书，边记录自己的感悟和摘录有哲理的话语。

> 教育心理学的书籍总是能让班主任有豁然开朗的感觉。

> 在心情不佳的时候，不妨看看心理学小故事，也许在里面能找到现实生活中的解决办法。

> 网络总是能有无数的信息，让你在现实的事例中，从"焦头烂额"到"柳暗花明"。

☆★ *在线互动*

看看从下面不同情境当中，你能想到什么心理词汇：

> 学生捡到钢笔，教给老师。 道德 品格

> 学生总是帮助其他同学，非常热心。 性格

> 学生在回答问题时总是紧张，手心出汗。 情绪

> 学生上学期间会想念家，想爸爸、妈妈。 情感

> 学生坚持学习，不论遇到生病，还是其他困难。 性格 坚毅

· ***人生感悟***

每一位小学生都是未经雕琢的璞玉，如果班主任能够认识到他们优秀的那一面，那么就能让他们发出属于自己的光亮。班主任需要多看一些书籍，增长自己的知识，从而在不同的认知角度去认识每一个小学生。当然，面对问题学生时，要耐心的进行教导，寻找问题出现的原因，从根本上帮助他们解决问题。让每位班主任都能成为优秀的雕琢大师，发现自己的优点，散发金子般耀眼的光芒。

驾轻就熟——关注成熟期的经验积累

［本节导读］

古时有一位卖豆油的老人，能够从铜钱的中间将油倒入到细口的瓶中，并且距离有一尺多高，别人不信，老人就当众人的面将豆油倒入瓶中。大家看到这一奇观，都称赞老人乃神人，但老人自己却说道：这只是孰能生巧罢了。因为熟练才让老人在倒豆油时不用小心翼翼，而是自信满满的在众人瞩目中完成，不会紧张，不会失误，造成神奇的错觉。

的确，古语有云：熟读诗书三百遍，书中含义自能见。任何事情，只要我们经常运用，其中的智慧自然能够领略。从其他优秀班主任的经验中吸取精华，去其糟粕，定能让自己的班主任工作做的轻轻松松，信手拈来。

☆★　***身边的故事***

老艾是拥有十年教龄的经验丰富的老班主任，获得省级优秀班主任称号，为此学校还特地给他颁发了奖状，以资奖励。这回老艾接到一个差班，老师们都不愿意去这个班级，他们学习成绩是平行班级最不好的；纪律是最乱的；卫生是最脏的等等。

老艾对此并没有望而却步，而是积极找好应对策略，运用以往所积累的经验，进行重新整治班级，将学生一个一个的改变。小燕燕是一个这个班级公认的“差生”，她长的黑又小，大家取笑经常取笑她，于是她经常不听课，不和同学玩。老艾却发现小燕燕在做值日的时候总能将黑板和窗台擦的很干净，而且偶尔遇到同学桌子脏乱，还悄悄的帮忙整理。于是，老艾有意无意的就夸奖小燕燕，爱讲卫生，帮助同学，为班级做出了很多事情。通过老艾的表扬，学生们也渐渐发现小燕燕的优点，和她一起游戏，不再取笑她。而小燕燕也同样开朗了很多，更加热情的帮助同学。通过老艾对对每个学生的观察，发现每个人身上的优点，并发挥其长处，使得班级变的越来越好，成绩提高了，纪律好了，还得了卫生文明奖。

- ***心灵寄语***

经验是老一辈给我们的无价之宝，经验就是别人经历过得到的有用的地方，这还应该包括教训，经验不但可以让自己学习到更多有用的知识，同时还可以让自己更加有效率的工作。自古以来，我们记住了前人的经验与教训，因此，少走了很多的弯路。老艾对优等生投注关注的同时，更多的是对后进生的热情关注，不鄙视，多表扬，用宽容和智慧给予学生真正的帮助。只有发现学生真正的优点，从而发挥学生特长，才能共同将班集体管理好。这既需要班主任丰富知识的学习，同时更需要经验的积累，否则只是劳神劳力的做无用功，累心累身却无法得到最终想要得到的效果。当班主任修炼到成熟期时，才能够更好的进行教学和班级管理，成长成为专业的班主任。

老艾积累丰富成功案例的同时给予自己满满的自信，在教学过程中充满失败教训与成功经验，人要不断地否定和肯定自己才能进步，而否定的最终目的是为了向肯定方向发展，自我肯定，保持坚定的信念，往往是事业成功的关键。

☆★ 心理课堂

班主任管理学生的过程其实就是师生不断交锋的过程，如果学生发现班主任其实也是个“软柿子”，那么班主任在小学生心目中的地位也会急剧下降。经验带给班主任的是管理学生的方法和技巧，通过智慧来管理班级，不同的经验带给老艾的不仅仅是处理问题的智慧，在心理层面，老艾获得的是满满的自信心，因此老艾才能胸有成竹的承担班主任工作。

· 自信心

成熟期的自我肯定是班主任最大魅力，在小学生心目中，班主任是知识的活字典，因此班主任要让学生依然保持那种敬畏的感觉，就要让自己充满自信，用智慧和人格魅力赢得学生的尊敬，进而充分融入班级氛围当中。

自信心是生活中我们经常接触的一个词语，有的人会说某某人总是充满自信，勇于尝试新鲜事，浑身散发着耀眼的光芒；有的人会说某某人总是畏首畏尾，做什么事情都没有自信，因此，总是失败。虽然自信心并不是事情成功的直接原因，但拥有强烈的自信心，能够让我们更加从容的接受挑战，冷静地面对困难，从而踏上成功之路。

· 提高自信的途径

当遇到一件事情，明明你可以做好，但是却不敢接受这件事，这时拥有自信心就能够让你勇气倍增，从而接受能力范围内的挑战。当然不是所有人都在生活中拥有自信心，在自己擅长的方面，信心会更多一些，在自己不了解的方面，自己就会显得焦虑和绝望。因此，如果班主任想要胜任班级管理的工作，那就要培养良好的自信心。提高自信的途径有很多，下面我们就介绍一下重要的几点：

> *自立*。自立作为成长的过程，是我们生活能力的锻炼过程，也是我们盐城良好道德品质的过程。在这个过程中，我们不断完善自己，学会自尊，增强自信，提高法律意识；逐步学会理解和尊重他人，善于与他人沟通和交往，和谐共处；不依赖别人，

勇于承担责任，成为真正独立的人。自己的生活表现在方方面面，也从方方面面影响着我们的成长和发展。一个普通人如此，一个班主任更是如此。

> *自我肯定*。人们在社会生活过程中，对自我身心行为的一种认可。班主任首先是学校的教职工，作为学校的一名员工，认真工作，在其职谋其政，对自己工作能力要有自我肯定意识；其次是学生的教师，为学生教授德育体美和文化课的一名普通老师。如果班主任不能够对自己报以自我肯定的状态，那么，管理班级的工作就不能够顺利进行，教师工作也不能倾其所有教授给学生。

> *自我暗示*。自我暗示是指透过五种感官（视觉、听觉、嗅觉、味觉、触觉）给予自己心理暗示或刺激。是潜意识通过意识向人们发出行动指向的方式方法。它在无形当中，告诉人们怎样去行动，影响人们的行为。积极心理学的核心就是积极自我意识，是以心理暗示为依据来决定积极自我意识。

☆★ 暗示

心理学家普拉诺夫认为暗示的结果使人的心境、兴趣、情绪、爱好、心愿等方面发生变化，从而又使人的某些生理功能、健康状况、工作能力发生变化。暗示往往会使别人不自觉地按照一定的方式行动，或者不假思索地接受一定的意见和信念。“暗示”的作用还影响人的情绪和意志，经历中出现的不良暗示信息，只有通过暗示才能替换掉。不良的暗示和消极的暗示，对于导致失败都有直接关系。我们应该每天给自己成功的暗示。

☆★ *心理调试*

· *小学班主任自信心的培养*

信心工作能力的心理基础。自信对班主任的心理成长与工作能力的培养具有十分重要的作用。

> *语言*。自卑的人的通病为公众场合声音颤抖，语句不连贯，语气不顺畅，除去先天语言障碍之外，自信心的缺乏成为无法表达自己重要的原因。在小学生面前建立良好的威信，需要语言艺术的参与，否则用颤抖的声音告诉小学生知识，首先就会让小学生感到不可信，因而对教师的管理不予理会也是有可能的。自信心的建立第一步需要的就是演讲的反复练习。

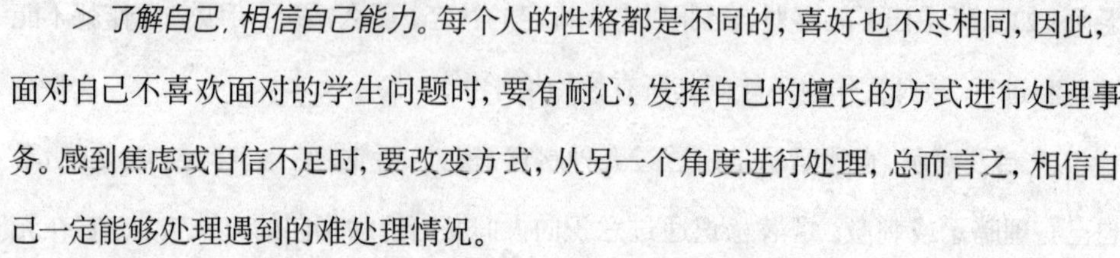

> *了解自己，相信自己能力*。每个人的性格都是不同的，喜好也不尽相同，因此，面对自己不喜欢面对的学生问题时，要有耐心，发挥自己的擅长的方式进行处理事务。感到焦虑或自信不足时，要改变方式，从另一个角度进行处理，总而言之，相信自己一定能够处理遇到的难处理情况。

> *打造一个自信的自己*。班主任是在学校中距离学生最亲近的长辈，同时也是班级最具权威的管理者，因此，着装是班主任塑造自信心最轻易的办法。每个月在特别的时间给自己一个变装的机会，让自己也穿上符合节日的着装，贴近小学生，让小学生也有耳目一新的感觉，从而让班主任更加讨人喜欢。自信心的提升还需要有良好的个人专业能力和人际交往做铺垫。因此，打造一个自信的自己离不开成熟的经验积累。校园不但是教师教授课程的地方，同样也是班主任成长的摇篮。

- **小建议**

> *每天早上对着镜子，对自己说些鼓励的话，比如“我很漂亮”“我很聪明”“我真有力气”*等等。

> *挺胸抬头，在困难面前不退缩，勇往直前，积极的暗示自己，一定会成功。*

☆★　*在线互动*

通过对20道题的选择，测试自信心的水平，答案选择“是”与“否”。

1　认为自己是个寻常人吗？　（　　）

2　经常希望自己长得像某某人吗？　（　　）

3　时常羡慕别人的成就吗?　(　)

4　你为了不使他人难过，而宁愿放弃自己喜欢做的事吗?　(　)

5　你会为了讨好他人而打扮吗?　(　)

6　是否经常勉强自己做自己不愿做的事吗?　(　)

7　任由他人来支配你的生活吗?　(　)

8　你认为你的优点比缺点多吗?　(　)

9　你经常对别人说抱歉吗?　(　)

10　在无意的情况下，伤害了别人的心，你会难过吗?　(　)

11　你希望自己具备更多的天赋和才能吗?　(　)

12　你会经常听取别人的意见吗?　(　)

13　在聚会上，你经常等别人先跟你打招呼吗?　(　)

14　你每天照镜子超过3次吗?　(　)

15　你有很强的个性吗?　(　)

16　你是个优秀的领导者吗?　(　)

17　你的记性很好吗?　(　)

18　你对异性有吸引力吗?　(　)

19　你懂得理财吗?　(　)

20　买衣服前你听取别人的意见吗?　(　)

表自信心测验题答案：回答“是”得1分的题目有：8，14，15，16，17，18，19。回答“否”得1分的题目有：1，2，3，4，5，6，7，9，10，11，12，13，20。测验结果评价：13分以上：很有信心，敢说敢做，知道自己的优缺点。但如果得分接近20分，有可能过于自信，甚至自大和浮夸。6~12分：较有信心，但有时候信心不足。6分以下：没有太多的信心，过于谦虚，容易形成自我压抑。

· **人生感悟**

草原上的每一朵花儿都美丽，爱你自己，珍惜今天。也许小学生是每一多鲜花，正在努力吸取营养，含苞待放。也许班主任是一颗大树，正在用自己上一年的落叶滋润土壤，为鲜花们提供养分。

泰然处之——应对倦怠期的各种问题

［本节导读］

法国著名昆虫学家法布尔曾做过一项有趣的实验，他把一群蚂蚁放在一个圆盘的周围，使它们头尾相接，绕圆盘排成一个圆形。于是这群蚂蚁开始前进了，它们一个紧跟着一个，像一支长长绳子，但是由于每个蚂蚁跟随上一个蚂蚁的气味行走，导致蚂蚁们不停地围着一个圈走。一个星期以后，蚂蚁们都饿死了。

再勤劳的蚂蚁如果透支自己不停的运动，而无法突破现状，那么，面对的只有死亡。同样的道理，班主任既要教授学生课程，同时要管理班级大小事务，承担重要的任务，当教师的工作压力很大，并且处于身心透支状态时，教师就会表现出工作的效率低、热情减少，使教学质量受到影响的间接受害者就是小学生。但在班主任出现倦怠情况时，也不需要过于紧张，了解工作倦怠的特征、产生原因，能对预防和缓解教师身心健康、保障服务质量具有重要意义。制定班主任心理健康保护措施，保护和促进班主任心理和行为健康，稳定工作情绪，为工作的投入提供保障，自然能够处理好倦怠期带来的各种问题。

☆★　***身边的故事***

小丽是省级优秀班主任，在学校是出了名的优秀教师，可是最近，她出现了一些状况，让学校领导和她的学生们都很担心。

小丽最近对待学生像是对待没有生命的玩具，没有了曾经的感情，工作机械化，而且没什么效率。学生们不在找她聊天，而小丽也不关心学生们成绩和学习生活的好坏。可是小丽自己也不知道自己是怎么回事，只是感觉自己总是在做无用功，学生们单纯的眼神，总是让她感觉自己的生活处在一种无忧无虑的状态，没有的压力的工作，让小丽找不到动力在哪。

近期学生们要进行小学升初中了，小丽依然感到身心疲惫，当初的梦想似乎离自己越来越远，学生们将要离自己而去，而自己又要从头带领一群小孩子。周而复始的工作，让小丽体会不到自己的人生价值，也看不到自己将来的道路有何变化。就这样，学校不得不在这关键的时刻，让小丽来到心理咨询室。经过两个星期的交谈，小丽明白自己是因为处在职业倦怠期，才出现这些症状。重新调整心态，回到了班级，最终和学生共同度过这一紧张而又充满欢乐的时刻。

- ***心灵寄语***

班主任职业倦怠是一个必然经历的阶段，从身体到心理，都遇到前所未有的困惑，需要个体进行自我调整。小丽就是到达了职业倦怠的时期，最明显的表现，特指丧失工作热情、情绪波动较大，容易迁怒他人，感到自己的感情处于极度疲劳状态。

☆★ 心理课堂

随着人才竞争的加剧，我国班主任所承受的职业压力逐渐增加，如果职业压力得不到有效控制，就会导致职业倦怠。而班主任出现职业倦怠现象，不仅会影响班级管理和班主任本身，同时不利于学生身心发展，还会导致教育整体质量的下降。

- ***职业倦怠概述***

倦怠(Bumout)本意是一种情绪性衰竭的状况，后来指个体对外界应付的资源耗费超出了个人能量和资源的存在而产生身心耗竭的状态，其症状表现为容易疲劳、烦躁、易怒、过敏、紧张和悲伤等，对服务对象反应冷漠甚至是没有情感反应，自尊

心降低等等。

· ***小学班主任职业倦怠***

王芳、许燕对国内中小学教师访谈后，提出教师职业倦怠四维模型：一是教师情绪上的疲惫感，二是教师人际上的疏离感，三是教师工作上的无意义感，四是知识上的耗尽感。第四模型是中国特有的教师职业倦怠特点。

班主任职业倦怠的成因

⑴ 学校因素

班主任处在学校重要位置，为学生尽职尽责服务，听从校领导各项工作指示，因此学校各方面环境都会对班主任的职业倦怠产生很大影响。学校管理制度、社会支持以及校园文化都会对班主任的职业倦怠产生影响。当班主任从学校方面得到适度的奖惩、工作自由和参与感时，班主任的职业倦怠就会降低。学校领导、同事、家庭成员、学生和各种意料之外的事故都会给班主任带来职业倦怠，当然，这些方向的支持也能够给班主任带来职业倦怠的良好干预。

⑵个人因素

班主任的人格特征、教学效能感以及班主任的身心健康状况都会影响班主任的职业倦怠。比如班主任自尊心强和性格开朗都有利于缓解职业倦怠，相反，自卑和注重外在的性格职业倦怠的表现就越重。班主任长期与思维单纯的小学生相处，性格逐渐单纯化，这不利于班主任的社会生活，两者无法达到统一的效果，导致职业倦怠的可能性就会增加。教学效能感越低，职业倦怠越严重，也最易离开教师行业。班主任的身心状况不理想，同样会影响职业倦怠加重。

⑶社会因素

社会对教师的高期望和现实社会给予的回馈产生强烈反差，这成为班主任职业倦怠的直接原因。班主任担任教书育人，班级管理双重的任务，压力之大可想而知。但是社会对班主任怀抱高期望的同时，实际上却出现了班主任工作不受重视、工资不高的反差，这让充满积极性的班主任无法提高工作的效率，继而产生职业倦怠现象。

⑷职业特征

作为特殊的社会职业，班主任身兼数职，扮演着多种社会角色：文化传播者、班级领导者、学生的第二父母、学生心理健康维护者和个人家庭角色等等。从各种角色所产生的情境当中会出现各种不协调的问题，比如角色冲突，角色模糊，在不同的情境角色转换等等，都需要班主任具有相当强大的身体和心理建设。否则就会导致教师情感衰竭和教学效能感下降，从而出现班主任的职业倦怠现象。

· *教师倦怠的特点*

职业倦怠的表现是工作满意度降低、工作热情和兴趣丧失和对身边的人的情感冷漠。班主任在职业倦怠期时容易对学生失去耐心和爱心，对课程准备不够充分，对课后学生工作的热情也不存在，对于工作产生的成就感和自信心也荡然无存。马勒斯等人运用量表的形式确定了职业倦怠的三个核心成分：

> *耗竭感*。指的是个体感觉到自己的能量和资源耗尽。表现在生理和情感耗竭两个方面。生理耗竭主要表现在身体不适，力不从心，睡眠障碍，食欲不振等等；情感耗竭主要表现在工作热情丧失，情绪低落，易怒，易疲劳等等。

> *去人格化*。是指角色扮演中将自己同工作对象刻意的隔离开来，对工作对象和环境采取冷漠和忽视的态度。

> *低个人成就感*。低个人成就感指消极评价自己、自我效能感下降、自信心降低等。对自己的工作意义和价值的评价下降，工作效率下降缺乏适应性等等。

☆★　*心理调试*

教师职业倦怠会给教师个人带来生理及心理上的疾患，影响其与别人的人际关系，导致家庭危机和职业危机，与此同时也会对学生健康心理的塑造带来消极的影

响。因此教师要学会合理的预防和应对职业倦息，维护自己心理健康状况。

· *具体措施*

> *降低社会的期望*

社会期望过高导致班主任职业倦息。小学教育是人生教育的始发站，因此，不但社会对班主任委以重任，家长对于班主任的期望也非常之高。父母都是“望子成龙，望女成凤”，对孩子得期盼就都寄托在班主任的身上。因此，班主任由衷的产生一种责任感和使命感。因为身担重任，所以更加努力培养自己专业知识技能，动力产生的同时，压力也更加重了。当这种压力适当时，能够促进班主任不断学习，提高专业能力，但是当社会对班主任的期望越来越高，而班主任得到的回报却越来越少，因此期望同回报形成巨大反差，造成班主任身心疲倦，得不到缓解，从而带来了职业倦息。班主任是小学生在小学阶段重要的人生导师，但不是唯一的引领者，在小学生身边还应该有家庭和社会给予的方方面面的教育，因此，社会应该对班主任提出合理的期望和要求，为班主任提供宽松舒适的教学环境。班主任不应该是救世主，也不是神奇的上帝，我们应该对自己的角色进行合理定位，以减轻班主任的压力，缓解情绪衰竭。

> *加强学校的支持*

学校需要改善管理机制，加强对小学学校班主任的支持，同时提高班主任的福利待遇。学校管理阶层应该带头树立良好的学校风气，创造条件为班主任解决一些实际困难，关心和改善班主任的生活待遇，设法减轻班主任的工作压力，加强人际关系交流与沟通，缓解紧张状况。同时给予班主任更多的权力自由度，为班主任提供更多的参与学校决策和实习进修机会，以便激起班主任的工作热情，减轻生活和工作方面的压力，提高工作效率，避免职业倦息的产生。

> *增强班主任自身的努力*

对于班主任的职业倦息，不论是外因导致还是内因引起，最主要需要班主任自身克服。班主任的自我调适是应对职业倦怠的基础。首先，班主任应当了解什么是职业倦怠，职业倦怠的特点是什么，怎样预防职业倦怠发生；当班主任处在职业倦怠时期，该如何积极应对职业倦怠的状态。其次，学会职业倦怠的自我调适。班主任应当增强身体锻炼，是身体健康发展；加深心理防御机制，提高抗压能力；多参加集体活动，丰富业余生活；与周围人建立融洽的关系，建立合理的人际关系等等。最后，学会运用理论应对职业倦怠期的各种症状。学会简单的放松疗法、音乐疗法进行情绪放松，提高心理承受能力。完善自已的人格特征，培养良好性格，吸纳前辈优良的性格品质，缓解职业倦怠的症状。

- **小建议**

良好的心理素质是心理健康的前提，也是缓解小学班主任职业倦怠的关键，良好的心理素质表现是什么样的呢?

马斯洛认为良好的心理素质表现在以下几个方面：

> 足够的适应能力;

> 能够自我认识，自我评价，自我肯定;

> 切合实际的生活目标;

> 生活在现实环境，做事切合实际;

> 内外统一，完善的人格特质;

> 从成功中总结经验，从失败中吸取教训;

> 良好的人际关系;

> 发泄不良情绪同控制激动情绪同样重要;

> 拥有独特的个性魅力;

> 在情况允许时，渐进的满足个人需求。

☆★ 在线互动

根据生活中真实的情况，选择适合的感受。对每个题目您认为符合的选项进行选择：

1 从不	2 偶尔	3 经常	4 频繁	5 每天

1、我的工作让我感到情绪枯竭 (　　)

2、我总是感到身体有气无力 (　　)

3、我无法融入我的工作当中 (　　)

4、每天的工作真的使我感到忙碌、心力交瘁 (　　)

5、我不能有效地解决工作中的问题 (　　)

6、我的压力太大，我快喘不过气了 (　　)

7、想到又要面对一天的工作，就觉得无精打采 ？ (　　)

8、班主任工作责任太大，我承受不了 (　　)

9、我根本没有空闲时间帮助别人 (　　)

10、我的前途渺茫，因为工作没有发展 ？ (　　)

11、当我完成任务时，没有产生多少成就感？ (　　)

12、人生失去价值，我不知道什么事情是值得我去做的 ？ (　　)

13、我对工作充满冷漠情绪 (　　)

14、我的工作让我得罪很多人 (　　)

15、我的工作很多都是无用功，没有任何意义 (　　)

16、对于管理工作，我无法胜任，因为没人听我的 ？ (　　)

17、我对工作提不起任何热情 (　　)

18、大多数学生都不喜欢我 ？ (　　)

19、长时间做小学班主任，我变的幼稚可笑 ？ (　　)

20、我想要换掉现在的工作 ？ (　　)

职业倦怠量表答案：

得分按照以下五个维度算分：从不，偶尔，经常，频繁，每天，对应分数依次为1,2,3,4,5。

得分在50分以下，工作状态良好；得分在40−60分，存在一定程度的职业倦怠，需进行自我心理调节；得分在60−80分，建议休假，离开工作岗位一段时间进行调整；得分在80−100分，建议咨询心理医生或辞职，不工作，或换个工作也许对人生更积极。

· **人生感悟**

一个拥有成功心理素质的人，他能够冷静、理智地找出现实中的自我和理想中的自我之间的差距，从而明确自己前进的方向，从容、稳健地度过各种顺境和逆境。通过对自己的分析，可以清楚地知道，在目前从事的工作中，哪些方面还需要“成长”；为了达成目标，我们还必须具备哪些知识与能力。这样，我们才可以不断地提高和完善自己，达至更高的目标。

◎ 运筹帷幄，吾为己师 ◎

[本章导读]

瑞士教育心理学家裴斯泰洛奇曾经说过："我决心使我的孩子们在一天中没有一分钟不从我的面部和我的嘴唇知道我的心是他们的，他们的幸福就是我的幸福，他们的快乐就是我的快乐。我们一同哭泣，一同欢笑。"在小学班级建设中，小学班主任是一枚风向标。他们的地位、作用、人格准则，处事态度乃至大到人生观小到一个细小的动作对于一个孩子一生中价值观以及第一个班级意识的竖立都起了至关重要的作用。不难看出，小学班主任比其他任课教师的影响力更为深远和持久。行为师范的意义与日俱增。想让孩子成为一个身心健康全方位发展的人才么？班主任老师首先应该自己身心健康才是王道。真正做到运筹帷幄，吾为己师。

本章内容共分三小节，分别是拨开迷雾阐明小学班主任身心健康状况，而后追根溯源去探究小学班主任身心健康影响因素，最后负重致远的阐述小学班主任身心健康的意义。

拨开迷雾——阐明小学班主任身心健康现状

[本章导读]

当今的社会是高速发展的，面对每天出现的计划内事件和计划外事件，面对来自于家庭、生活、学业乃至人际关系上的压力是与日俱增的。面对人与人之间的竞争加剧，作为一个21世纪的现代人来说，这些都是需要解决的。而电子化的时代要求我们讲究效率给予我们方便的同时忽视了自身的健康。笔者将其称之为"速食社会"在"速食社会"中，每个人看似吃饱但并非是对我们健康有益的“营养”，很多是看似“美味”，实际对身体是极为不利的。大环境下，人人如此。当然，小学班主任也不例外。这个特殊的职业担负着培养“祖国花朵”未来的使命。教育孩子的同时，对小学班主任群体的宏观把握是有必要的，进行整体的身心健康的塑造和提高。而在微观方面小学班主任应该结合自身，使得自己从意识上更为健康。为孩子做好精神和行为上的榜样。

☆★ 身边的故事

郑老师毕业于山东的一所师范高校，在校期间成绩优异。毕业后又志向远大投身于西部建设中。担任起某小学的小学五年级班主任一职。他工作刚落实。唯一让他担心的是班主任工作，作为一个刚毕业的年轻的教师，他的担心不足为过。不仅是中途接班而且还是班主任可想难度之大。时隔半年，再见到郑老师时，他明显憔悴了许多。因为学生都是要进入青春期的孩子，难管调皮，并且中途带班威信还不高。成绩上不去，各种考核评比应接不暇。校长在进校前给予他极高期望，可是大学的东西都用不上，本想通过读圣贤书提高自己的层次。而真正带学生就无法实施了呢。到了学校，郑老师就怕那些孩子再整点什么出来东西出来，不好好听课，还得维持课堂纪律，他怕自己解决不了问题，怕自己不被尊重，怕学生给自己难堪，怕私下自己被学生议论，自己的努力都白费。所以，总是失眠，就觉得自己班带不好辜负了领导的期望不说连自己大好的前途都毁了，并且对任何喜欢的事物都没了兴趣，生活也没了目标。喜欢发呆，精神恍惚。甚至质疑自己为什么要走上教师这条路，甚至怀疑自己就不适合干这一行。就只能憋着自己，没有任何办法。只是感觉自己要疯了。

- ***心灵寄语***

这则真实的案例，不难看出作为现代型班主任是不容易的。特别是对于学生生涯起步的小学生而言。这个案例比较特殊是，中途接班加大了班主任接任班级的难度并且是初次带班的新老师，这无疑增多并且增大的带班的难度。但是，我们从另一个角度去看，在面对种种的身体不适时，郑老师并没有清楚意识到自己的心理健康也收到了影响，而且总是主观臆想一些莫须有的东西。这是一种身心上的失衡。这也体现出危机心理健康的年轻化。如果在面对重压时自己有意识的建立健康积极的心态，探究问题出现的原因，寻找问题的突破口，拨开束缚身心健康的枷锁。其结果应该会大有不同。

☆★ 心理课堂

· 心理健康在生活中的体现

(1) 负担过重导致身心受损。

阿拉伯民族有一个古老的寓言：一个商人用骆驼运草，给骆驼背上运草，给骆驼背上放了一摞又一摞，旁人都觉得已经放的过多了，可他还继续放，理由是骆驼看上去还不累。终于，当又一根稻草放上去的时候，骆驼倒地了。很多事物都是如此，一棵草没有多少重量，可是不停的累积，最后一棵草可以压死一匹骆驼。人的负担有时也是自找的。

(2) 负担情绪导致身心受损。

阿拉伯学者阿维森纳，曾把一胎所生的两只羊羔置于不同的外界环境中生活：一只小羊羔随羊群在水草中快乐地生活；而在另一只羊羔旁拴了一只狼，这只小羊羔随时面临面前这只野兽的威胁，在极度惊恐的状态下，根本吃不下东西，不久就因恐慌而死去。——负面情绪导致身心受损。

(3) 充足的休息和接近自然有利于身心健康。

匹兹堡大学医学中心的罗拉德·达尔教授做了一个实验，他在一个月的时间里，让14名被试者每晚在黑暗中呆了14个小时，第一晚，他们几乎睡了11个小时，仿佛是要补回来以前没睡够的觉，此后，他们的睡眠时间稳定在每晚8个小时左右。实验结果表明：所有人在他们睡眠充足后看待事物的方式更为乐观以及密歇根大学心理学家斯蒂芬·开普勒做了一个有趣的实验，他分别让两组人员在不同的环境中工作，一组办公室窗户靠近自然景物，另一组的办公室则位于一个喧闹的停车场，结果他发现，前者比后者对工作的热情更高，其效率也更高。

(4) **果蔬类对身心健康必不可少。**

在《食物与情绪》一书的作者索姆认为，对于那些每天早晨只喝一杯咖啡的人来说，心情不佳是一点也不足为奇的。而研究表明，碳水化合物能使人心境平和，感觉良好。当然，这仅仅是身心健康的一部分，或者说只是主要的部分。

- ***教师身心理健康标准***

中央教育科学研究所心理研究中心主任俞国良提出的教师心理健康标准：

(1) **对教师角色认同。**

热爱教育工作，勤于教育工作，能积极投入到工作中去，将自身的才能在教育工作中表现出来并由此获得成就感和满足感，并免除不必要的忧虑。

找准自己的职业定位，明白自己的职责是教书育人，将自己的职业看成是自己的爱好。热爱自己的职业由此获得高的责任感与满足感。

(2) **有良好和谐的人际关系。**

表现出要去包容和接受他人，容人之长，与人为善。

(3) **正确地了解自我、体验自我和控制自我。**

只有对自己进行自我剖析，晓之长短处，进行正确定位，控制自己的言行和情绪。是心理健康的体现。

(4) **具有教育独创性。**

在教学活动中不断学习，不断进步，不断创造。能根据学生的生理、心理和社会性特点富有创造性地理解教材，选择教学方法，设计教学环节，使用教学语言，布置作业等。

每个老师都应该有自己的思考模式，结合自身情况和所带班级的具体情况。对教材把握和教学任务做灵活调整。能做到积极适应和改造工作、生活环境。

(5) 在教育活动和日常生活中均能真实地感受情绪并恰如其分地控制情绪。

由于教师劳动和服务的对象是人，因此情绪健康对于教师而言尤为重要。作为教师应该拥有一个健全的人格，这样才能有包容心、同理心。素养的提升对于情绪的自我调控起了必不可少的作用。

☆★ *心理调试*

罗曼·罗兰曾经说过，要播撒阳光到别人心里，先得自己心里有阳光。面对当前的现状一个教师，特别是班主任在完善自己人格方面应该狠功夫。从心理学角度通过两个大方面进行调试：一、内因方面，提高自己的职业操守，敬业爱岗。磨炼自己的意志品质，培养豁达的胸襟和热情并且有原则的行事风格。提高自身的修养，与书为伴，品位高雅，在所在学科要做到钻研且深入。在社交方面要广而友善。爱自己的家庭、同事、自己的学生。保持高昂的情绪状态和乐观的生活态度。二、外因方面，学校应该创造良好的氛围，通俗地说，既是校风。各项制度应该完整规范化。在班级管理中做到“有章可循，有法可依”时可以大大减轻班主任的压力。同时对于贫困家境的老师应该设法给予解决物质生活中的困难。在课业上应该适度减轻老师的课业负担。在闲暇之余给教师组织一定量的体育活动或者课外活动，进行身体素质的“大比武”。

· ***具体措施***

针对小学班主任身心健康状况，笔者从下面几个方面向班主任提出几大法宝予以借鉴。

(1) 保持良好心态

关于巴纳姆效应的由来。一位名叫肖曼·巴纳姆的著名杂技师在评价自己的表演时说，他之所以很受欢迎是因为节目中包含了每个人都喜欢的成分，所以他使得“每一分钟都有人上当受骗”。人们常常认为一种笼统的、一般性的人格描述十分准确地揭示了自己的特点，心理学上将这种倾向称为"巴纳姆效应"。对于每个人都很适用。班主任可以把它视为“万能胶”。这种效应的产生是因为人在自我认知的过程中，很容易受到外界的暗示，从而出现自我认知偏差。特别是在人的情绪处于低潮、对生活无力、工作提不起兴致、自身安全感受到影响、心理状态不适使得受暗示性就比平时大大增强。步骤如下：

> 坏情绪来临时，找出诱发事件。是什么让心情变糟糕？

> 暂时放下现在您觉得糟糕的结果，去想象什么行为可以让这种结果比当前的要好。

> 将这种行为列成计划一样写在纸上，确定这个计划是可行性，也就是将计划实际化。

> 用心去暗示自己计划一定可以完成，并能得到想要的结果。

认识到这一点时，也就成功了一半了。下面举个例子加深一下：

例如：学期末的时候，班级成绩在年级处于不理想的地位。

> 心情很糟糕，因为班级期末成绩很不好，跟自己的付出不成比例，对自己的能力产生了怀疑。

> 好了，不想期末成绩不好的事。如果使得课堂民主一些、或许自己对学生要求已经超过学生能达到的要求了等。

> 根据自己想到的根据实际情况进行自我调整，要遵循现实。例如：孩子整体比较薄弱，我是不是应该多讲讲透。少留点作业等。

> 付诸实践并从心底相信自己能做到很好，重新竖立自信。

通过这种方法我们不难看出，很多不尽人意的结果出现时，我们所能做的不是怨天尤人，自暴自弃。而是找出“导火线”汲取经验调整自己的身心，摆脱阴霾，重拾自信。

(2) **让身体动起来**

当自己无法完全说服自己的内心时，让身体带动你去解读快乐的含义。平时老师都局限在课堂和家庭，没有时间去欣赏美景去呼吸新鲜空间。俗话说得好“读万卷书不如行万里路”。不用行万里，只要亲近自然就可以了。当自己心情不愉悦，在有花花草草的公园、郊外的小路舒缓一下，会觉得精神倍儿爽随即心情也会好起来。并且对增加生活乐趣、对自身身体素质的提高都是百益而无一害的。思维的灵感或许也会在此迸发。当然如果是有氧剧烈运动也是很好的，锻炼完出完汗可以提高心情愉悦指数。让身心更健康。

(3) **学会释放**

学会释放，是自我身心调节的一种方式。不懂得宣泄的人是个不快乐的人，快乐要分享才能更快乐。而烦心更需要一种“分享”精神。坏心绪会使人产生思维定势久久不能自拔、久久纠结于此。或许一时间陷入自己都无法正确剖析自己的怪圈。这时候好友、亲人、闺蜜的作用就体现出来了。让他（她）帮忙分析分析，也许当事者一下子就会豁然开朗。那些微小的细节也许是自己未曾捕捉到的。愉快的畅谈可以活跃个人的思维，使得某些不被重视的想法引起反复的思考。这就是为什么，一个人处于困境时或者进退两难没有方法没有主意时，旁人的话能“一语道破天际”让自己学会诉说，难题将不再难解。如果不想说，最直接的方式就是大哭一场，千万不要克制压抑自己的感情，要明白哭泣也是自我放松的一种方式。

(4) **笑傲江湖**

在班主任这个群体里，什么学生都要面对。无论你愿不愿意，也要天天面对。顽劣的孩子，很多老师喜欢“以暴制暴”。但这招未必奏效。不好的结果是发现自己心情每况愈下，身体跟着受损外，孩子依然我行我素。老师，学会笑吧、微笑、大笑、发自内心的笑，让自己的心情舒畅。周围的一切将会明朗起来。再顽劣的孩子也将被您的温暖和诚信所感化。要知道，孩子也是需要一个温馨的氛围也喜欢一个和蔼的老师，自己也身心愉悦。这等两全其美的事儿。何乐而不为呢?

· *小建议*

> *保持一颗孩童心。*

> *懂得沟通和合作，体会这种团结的乐趣。*

> *懂得包容和宽恕你周围的人。*

> *尊重别人的生活方式和思考方式，提高自身的素质。*

> *抽出时间要让自己亲近自然，更为真切的体验生活。*

☆★　*在线互动*

作为小学班主任一定很想了解自己的身心健康的程度，通过测验会让班主任更好的了解自己的身体和心理健康。以下20道题，进行“是”“否”单项选择：

1. 每当站在讲台上，是否会紧张得出汗?	是	否
2. 看见陌生的人是否会手足无措?	是	否
3. 看见熟悉的人是否会影响手头的任务?	是	否
4. 遇到突发事件时，头脑是否会不清醒?	是	否
5. 心里紧张时是否会犯错误?	是	否
6. 是否会经常把别人交办的事情搞错?	是	否
7. 是否会无缘无故地挂念不熟悉的人?	是	否
8. 没有熟人在身边是否会感到不踏实?	是	否

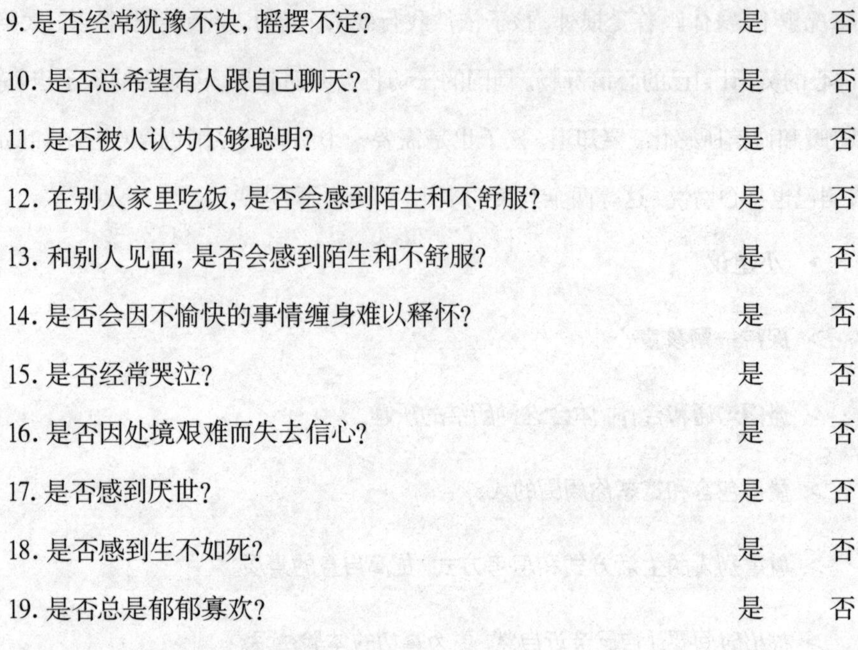

9. 是否经常犹豫不决，摇摆不定？　　是　　否

10. 是否总希望有人跟自己聊天？　　是　　否

11. 是否被人认为不够聪明？　　是　　否

12. 在别人家里吃饭，是否会感到陌生和不舒服？　　是　　否

13. 和别人见面，是否会感到陌生和不舒服？　　是　　否

14. 是否会因不愉快的事情缠身难以释怀？　　是　　否

15. 是否经常哭泣？　　是　　否

16. 是否因处境艰难而失去信心？　　是　　否

17. 是否感到厌世？　　是　　否

18. 是否感到生不如死？　　是　　否

19. 是否总是郁郁寡欢？　　是　　否

20. 家里是否有郁郁寡欢的人？　　是　　否

选“是”的得1分，选“否”的不计分。

0–5分　身心健康，希望继续保持好的状态

5–10分　身心健康状态欠佳，需要及时进行调整

10–15分　身心健康可能不健康，需去咨询心理医生。

15–20分　身心已经不健康，需要进行治疗。

· ***人生感悟***

《三字经》中有“子不教，父之过、教不严，师之堕”可见，教育不好，是老师的懒惰。每个孩子都是一个真实的生命充满了希望和活力，教育者虽不是圣贤，但应该做到对学生一视同仁。

追根溯源——探究小学班主任身心影响因素

［本节导读］

班主任，看似是主任，其实它是世界上最小的官，但他（她）却是一个孩子一生中，最大也是最重要的第一任领导。作为一名班主任，身上的使命来自于学校的声誉、家长的期望、个人的要求。班主任也是有七情六欲的、也是食五谷杂粮之人，职业的特殊性决定了他们在精神层面要付出更多的辛苦和努力。人无完人，对努力奋斗在班级一线的班主任来说，也许无形之中忽视了自己的身体乃至心理健康。本节笔者将与读者继续在明白身心状况后，进一步探讨是哪些“杀手”正在悄悄影响着您的身心健康。追根溯源，一同来探究班主任身心影响因素。

☆★ *身边的故事*

吴老师是位有些资历的老师，从教以来一直任班主任一职。现在带的这届学生虽然已过了两年但是仍然是困难重重，他试图跟孩子们去交流。但是收效甚微。因为吴老师头发少，孩子私下里给他起外号。称之为“地中海”。这点深深刺伤了吴老师的自尊。同时，他所带的语文学科由前两届学生的“遥遥领先”到了垫背的程度。并且吴老师班级学生的攀比风气很重，小小的孩子不是炫耀衣服谁的漂亮和昂贵，就是炫耀爸爸开的什么车好，要不就是谁的妈妈长得好看。学生因为他很多网络上的东西他都不知道开他的玩笑，这让他觉得很没面子。同时，觉得自己的威信大打折扣。更为可悲的是，一向器重吴老师的孙校长对吴老师意见很大，告诉他班级还是稳居

“第一”的话。班就要拆掉了。一再强调这是学校共同商议的结果。而这让吴老师最后的激情彻底跌入了低谷。并深感绝望。他开始厌倦这样的生活，整天郁郁寡欢，彻底放弃了对自己自身修养的修炼。认为现在才是自己的真实水平。觉得对不起学生，对不起学生家长，是自己无能。再想想这些年，在单位同事对自己有嫉妒心；在家，自己的工资本来就不多还要经常把学生的作业拿回家批改。妻子总抱怨吴老师没本事。吴老师觉得自己是前所未有的失败。慢慢的吴老师开始厌食、对生活失去兴致，对工作失去热情、莫名焦虑、多疑总觉得有人在指责他脾气暴躁无常、整天全身无力发虚。三个月后，吴老师因精神失常送往精神病院救治。

· *心灵寄语*

通过本例我们能看到吴老师的无奈和心酸，同样我们也能看出，教师职业的压力和自身那种责任心。吴老师的结果，是我们每个人都不想看到的。但是为什么后果步步严重了呢？仔细思考，不难看出，如果在家庭、学校、老师、家长某一方面给吴老师支持的话，可能就不会走到这一步。因为精神疾病导致崩溃的要比肉体痛苦很多，心理安全感的丧失使吴老师失去了对一切事物的信心。那么，从另一个角度分析，我们还能看出点什么呢？吴老师自身的问题！如果他觉察到自己心理健康出现了问题并积极进行调整，结果也许也就不会那样。吴老师缺乏的不是教育知识，而是对自己心理掌控的知识。换言之，他并不了解自己。不难看出，探究班主任身心影响因素对于个人或者家庭乃至整个社会都是非常有必要的。

☆★ *心理课堂*

从心理学角度对班主任身心影响因素进行追溯，看看压力都来自于何方。

> *学生家长因素*：众所周知，学生的考试成绩和老师在社会的威望，职称的评定不能说是因果关系这么绝对，但也是正相关关系了。在班主任身上体现更为明显。为了“升学率”班主任甚至牺牲自己的周末时间给学生补课。学生的分数高对于班主

任是喜讯，分数低了将是噩耗。像案例中的吴老师一样，面临着“下岗”。更有甚者，甚至将老师辞退除此之外，当今学生多是独生子女，在家都不服管，家长打骂不得。扔到学校，在管不好是老师的责任，管了也不能太压迫孩子的情况之下，在学生成绩和家长重压之下，老师的压力可想而知。

> *社会环境因素*：现如今，教育已经发展成了一门产业。教育成为全社会关心和关注的头等大事。社会紧紧的看着老师。老师的举手投足、工作效率都成了社会评论的焦点。“十年树木，百年树人”在一系列课改之后，教师的舆论压力平添了不少。不再是单纯的教书育人，而是赋予了更多社会化的意义。老师对于此自身压力也在增加。例如：渴望高的社会评价、得到人们的认可等等。同样在巨大的付出后，老师的工资并不是跟付出成正比。正如案例中的吴老师，在物质方面的匮乏使得精神上失衡后又是一次重击。使得教师职业相比其他职业的收入有一定差距，造成心理的不平衡，即，心理失调。特别是近几年环境的恶化，使得人的体质普遍不如从前，对于人的心理健康也造成一些负面影响。

> *家庭同事因素*：在学校教师是教书育人的园丁，在家里则是一名家庭成员。他们跟正常的百姓一样，有父母甚至有子女。家里的琐事虽小但也是一种无形的压力。少不了矛盾和争吵，这使得在校一天的老师想在家里放松的念头打消，反而增加了家庭的火气，无形中使自己身心疲惫。在学校老师之间的评比可谓是一把无形的枷锁，同事之间是竞争又是合作的关系。特别是班主任之间，这点更为突出。把握不好这种合作和竞争的关系。将竞争放大化，会造成嫉妒心理以及自卑感得产生。身心也会受到影响。

> *自身因素*：班主任不仅比别的老师多操一份心外，也得不断的进行充电。不但要看关于自己学科领域的书籍而且还要阅读，管理类、教育类、心理类的书籍，而且是几乎天天出现在班里跟孩子们打交道，管理孩子们的生活、学习、人际关系都要处处参与。不仅如此，不同性格的老师抗压程度也不能一概而论。抵御挫折的方式和耐受性不尽其同。自己也会给自己加压，对自己要求越严格压力也就会越大，身心

疲劳程度越高。

> *教师职业倦怠因素*：在介绍职业倦怠之前，先介绍一下工作倦怠（work burnout），工作倦怠是1974年美国心理学家费登伯格提出，指个体在面对过度工作需求时，所表现出生理和心理极度疲劳的状态。而教师的职业倦怠是指在教师领域中，长期超负荷的压力使得教师身心疲惫，导致工作热情丧失、对人对事没有兴趣、成就效能感低下。案例中的吴老师，有明显的职业倦怠现象，情感低落、对自己丧失信心、人格负向发展、消极悲观、对生活丧失信心。产生这种原因主要是生活缺乏新目标、重复机械活动、教学上没有重大突破。觉得自己已经做到顶峰。还有一种则是怎么教学都看不到任何成效，觉得自己失败透顶。糟糕之极。

☆★ *心理调试*

在心理课堂中笔者尽可能归纳出了影响老师健康的身心影响因素。当然，细小之处肯定是有遗漏的。每一条都于班主任的身心健康都是影响很大的。再无法改变大环境的前提下。心理的适度调适是非常有必要的。因为在小学阶段，孩子们的自我认知尚未完全建立。班主任在很大程度上起了在校监护人的作用无论是年轻的教师还是经验丰富的老教师，在外界压力影响下负面情绪总会产生的。笔者会帮助老师在负面干扰和压力下做到自我的灵活应对，使自己的身心更为健康阳光。

☆★ *视窗*

挫折理论

挫折在心理学中称为意志行动中的动机冲突，这样更为容易理解，意志通过行动而表现出来，表现又分为两步，简而言之，采取决定、执行决定。这样你的意志就能通过行为所表现出来。而挫折的出现是在采取决定时，任务不单一造成的。所以在面对负面压力时，要懂得抉择。具体分为以下四种：

双趋冲突：两种或两种以上目标，同时吸引着人们，但人们只能选择其中一种。例如：“鱼和熊掌不可得兼”

> *双避冲突*：两种或两种以上目标，同时是人们想回避的，但只能回避一种。例如：胃疼难忍，却也不想做胃镜。

> *双避冲突*：两种或两种以上目标，同时是人们想回避的，但只能回避一种。例如：胃疼难忍，却也不想做胃镜。

> *趋避冲突*：一个目标对人有吸引力，又想回避。表现出单一的矛盾状态。例如：很喜欢一个人，却又受不了他的脾气。

> *多重趋避冲突*：多个目标对人有吸引力，又想回避。表现出多样化的矛盾状态。例如，毕业后留在A城市，空气和城市建设很好，但是工资待遇不高，没有固定休息日。选择B城市，空气和城市建设相对A说较差，但是工资待遇相比会高一些，有固定休息日

很多时候我们面对的第四种情况多一些，当班主任心中明确了这些概念之后，笔者给的建议是：面对挫折，分析其利弊，择其重而舍其轻。有效率的学会抉择，做压力的主人，对“被压力”说NO。

· ***具体措施***

针对身心影响因素，笔者将推出以下法宝给予班主任，结合自身适度借鉴。

(1) 正视挫折

挫折指个体从事有目的活动过程中，因客观或主观的原因而受阻碍或者干扰，需要不能满足时的情绪体验。挫折产生的机智有各种假设，如挫折–倒退假说、挫折–攻击假说、挫折–固执假说等。构成挫折的因素有很多，主要分为外在的客观因素、内在的主观因素。

(2) 快乐定义

心理学家人本主义学者马斯诺说：“对自我实现者来说，工作是令人兴奋的、充

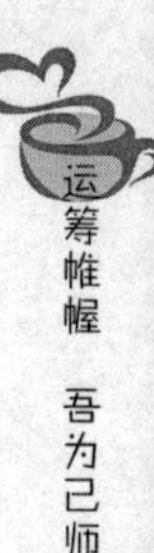

满乐趣的，工作就是娱乐。”在强调兢兢业业为工作而工作的时候，班主任们，你们快乐么?“为了孩子而燃烧自己的青春”。如果以这种悲情的方式，老师们，你们永远不会快乐。“干一行，爱一行”才是我想说的。我们换种思考方式，当不把教书完全看成维持生计的一种方式，而将其化为一种乐趣。自我实现的需要，自己潜能有多大连自己都无法知晓。维持生计的同时它也是您生活的一部分何不把它变成自己的乐趣。在教育孩子的同时通过孩子的反馈达到自己内心的共鸣。如何培养自己的乐趣呢

(3) 和睦相处

心灵大师戴尔.卡耐基说：“要想别人对你友善，要想与同事和睦的相处，处理好上下级关系，那就绝不能去触动别人心灵的伤疤。”在学校不论是谁，都需要一种被尊重的感觉。心理学家马斯诺的需要层次理论模型中，只有满足了自尊需要才能实现真正的自我实现，完成自己的理想。当然，虽然现在看来此理论模型并不是绝对的，但是在很大程度上还是非常符合现实的。可见同事，家人，师生的和睦相处的前提是体现在对彼此心灵家园的守护。在学校班主任所带班级会有所排名，自己暂时落后，学会肯定别人的优点，寻找自己的不足。学生上课捣乱，不要恶语相加，刺伤学生的自尊。这样不但不能让学生心服口服，自己也没有台阶可下，可见自己的自尊也受到了损害。听之任之，也将导致恶性循环。做一个很有品的老师，其实很简单。尊重别人也就是爱护自己。

(4) 改变焦虑

关于焦虑心灵大师戴尔·卡耐基也告诉后人应对方式他说“如果你有担忧的问题就可以采用这样一个万能的公式：第一，可能发生的最坏事情是什么？第二，如果必须接受，那就接受它；第三，然后想办法改善最坏的情况。”怎么运用呢用一个例子加以说明

第一，我觉得这次Z同学期末考试又要拉班里的平均分数。

第二，考下的结果如期所料，改变不了，我接受。

第三，Z总是最后一名，1也许他方法不得当，2也许是家里条件不稳定，3也许是我对他期望过高，4也许他压根对学习没有兴趣。针对1：我为他量身订做好的适合他的学习方法，至少他是想学好而没学好。针对2：做家访去了解他们家的状况，让其父母配合共同抓Z同学的成绩，针对3：主观对Z同学放低要求，可以告诉自己，只要他能考倒数第二都是进步。针对4：Z同学没兴趣的根源在哪？或者发现Z很爱运动。放大Z爱运动的优点，带动学习兴趣。

这个例子是假设的，真正的情况您可以像我一样列出来，分析原因，找到那个真正焦虑的原因。当然，他不仅适合课堂教学，还适合人际交往，甚至是家庭矛盾。要知道这是万能公式，无所不能。

(5) 平和心态

培养自律的品质在某种程度上就是一种自我身心修炼。如果生活失去了目标，习惯让自己变得懒散，课业繁重让自己忽略了自律的意义。那么，从现在起，为自己自律的习惯制定一个规划。每一周，列出自己必须要做并且一定要做到的事，不去做的事，和可做可不做的事。日积月累您会发现生活规律了自己的身心也舒畅了。自强的意义是让自己有足够的自信。新行为主义心理学家班杜拉说："一个人的能力深受自信的影响。能力并不是固定产生，能发挥到何种程度有极大的弹性。能力感强的人跌倒了能很快爬起来，遇事总是着眼于如何处理，而不是一味担忧。"而这种自信不是空穴来风，取决于自己的真才实学。古人云"思伤脾；恐伤肾；忧伤肺；怒伤肝；喜伤心"的结论。病由心生，病由情绪而生。是不无道理的。所以心态平和，保持冷静。不仅有利于大脑思考同时有利于身心健康。

- **小建议**

> 对自己要竖立信心，饱满的精神去对待生活。

> 多做运动，保持身体健康。

> 不断的学习，提升自己的素养。

> 懂得控制自己的情绪，不是忍耐而是将坏情绪分解，好情绪保留。但不能乐极生悲。

> 对于别人要包容，不要苛刻，对人温和有礼，懂得尊重。

> 怀有感激之心，珍惜身边的温暖

☆★ *在线互动*

在探究小学班主任身心影响因素后，进行以下测试，选择“是”或者“否”

1. 遇事是否会不知所措？ 是 否

2. 别人是否认为你神经质？ 是 否

3. 是否经常感觉敏感脆弱？ 是 否

4. 家庭成员中是否有神经敏感的人？ 是 否

5. 是否进过精神病院？ 是 否

6. 家庭成员中是否有人进过精神病院？ 是 否

7. 情绪是否大起大落？ 是 否

8. 家庭成员中是否有神经过敏的人？ 是 否

9. 感情是否容易冲动？ 是 否

10. 一旦受到别人批评，是否就会心慌意乱？ 是 否

11. 是否被人认为是个好挑剔的人？ 是 否

12. 是否总是被人误解？ 是 否

13. 是否一点也不能宽容别人，包括对自己的朋友？ 是 否

14. 是否一门心思地想某件事或做某件事，根本不听劝告？ 是 否

15. 脾气是否暴躁，焦急？ 是 否

16. 做任何事是否都是松松垮垮，没有条理？ 是 否

17. 是否稍被冒犯就会火冒三丈？ 是 否

18. 是否被别人批评就会暴跳如雷？ 是 否

19. 是否会稍不如意就会怒气冲冲？ 是 否

20. 是否对别人请求帮助感到不耐烦？ 是 否

选“是”的得1分，选“否”的不计分。

0–5分　身心健康，希望继续保持好的状态

5–10分　身心健康状态欠佳，需要及时进行调整

10–15分　身心健康可能不健康，需去咨询心理医生。

15–20分　身心已经不健康，需要进行治疗。

◆人生感悟◆

美国教育者詹姆斯·多姆生：“一个热爱生活、教育人类、热爱真理、诚实正直的学生与仅仅是学业突出的高分学生相比，前者更利于社会”学业和身心都重要，学习是为了更好的生活而不是考多少个高分，生活需要一个健康的身心。

负重致远——阐述小学班主任身心健康意义

［本节导读］

也许大家都有这样的体验，在我们上小学、初中、乃至高中时，同年级的学生你就算不认识，但也能凭直觉感觉出这个同学是哪个班的。“一看他们的穿着就是四班的”，“一看长相就是三班的”并且每次都能八九不离十，这是为什么呢？经过小学阶段的学习，班风迥异，

每个班的孩子身上透漏出某种共同的特质。所以,会有人说什么样的班主任带出什么样的班。“孩子不仅是父母的影子”,在系统的小学教育开始时,孩子也是班主任的影子。班主任的人格影响着孩子,可见一个班主任身心健康是何等重要。在明白什么对身心健康造成威胁的同时,也不要忘记明白身心健康本质的目的再努力提升自己的同时也是为了给孩子营造一个优良的环境,所以,本节将有必要负重致远—阐述班主任身心健康意义。

☆★ 身边的故事

王老师,50多岁,工作认真负责,有完美主义倾向。是数学学科的带头人小学毕业班班主任还肩负年级组长一职。他的教学理念是“好学生都是打出来的”一贯主张“少讲多炼”的原则。认为,数学重在思路,讲太多只会让学生更有依赖性,不如让孩子们多练。每个学生都从严要求。学生私下叫他“暴力王”。说来也是,凡是经王老师接手的班级,每年年级第一,数学成绩平均分高于年级十分。但是体育和品德方面相对差点,当然在很多学校这点比起学习重要性太差了。特别是难以驯服的班级经过王老师带个半年,都能变成“小绵羊”。老师纷纷向王老师取经。王老师说对于学生就一个字“打”在家父母惯孩子在学校我可不管,你父母可以去教育局告我。但是没人敢告我,为什么呢?因为孩子的学习成绩上去了。王老师班级的孩子性格两极分化严重,一类是粗暴无礼经常欺负同学的孩子,一类是默默无闻被欺负的。王老师讨厌学生为鸡毛蒜皮的事告状也不想说太多的道理。王老师的家庭并不幸福,妻子因为受不了他的性格跟王老师离异很多年,孩子跟随着孩子的妈妈,只剩下一个年迈的父亲,跟父亲也没有过多的交流。不愿意参加各种活动,就只是忙工作,到点睡觉,日复一日,最大的安慰就是自己的教学成绩一直都是出色的。

· ***心灵寄语***·

很多东西表面看似是没有任何问题的,在教育中很多人都认为成绩是最重要的。虽然口头上是提倡素质教育,但是现在还是靠着考试分数一考订终生的。王老师的确是个好老师，他的方式也是为了学生负责，希望他们多学知识，希望他们能有好的学习习惯，努力考上自己中意的学校。引起老师们的羡慕，也是因为带班好，或许很多老师欣赏他的“狠”劲儿。当然王老师个性突出，自身要强是优点。但是这些都是浮于表面的东西，成绩重要么？重要。那么身心健康重要么？重要。王老师看似忽视了学生的身心健康。究其本质，他已经忽视了自己的身心健康。在班主任群体中，老师你的身心健康好坏不仅会影响自己的生活，同时，会潜移默化的影响您的学生。心态决定性格，性格决定命运。在这个层面上，他已经不是教书让学生学会或者学不会那么简单了。所以，阐述班主任身心健康意义负重而致远。

☆★ *心理课堂*

从心理学角度对班主任身心健康意义进行阐述，让大家明白身心健康对于自己乃至对学生的影响。

- ***一个例子***

某A同学在大学毕业后决定考研，2007年他大四，第一年考试由于准备不足够充分，英语差了2分。与理想中的大学失之交臂，又不愿服从调剂。2008年他努力复习了一年继续追逐他的名校，结果专业课发挥失常，导致再一次名落孙山。父母规劝其调剂上学或者去工作。他不愿，执着要考上这梦想中的学校，决定三战。2009年从考场出来时，他心灰意冷，觉得自己没有了出路和活头。朋友B对A说：“天道酬勤，你今年准行。”陪A同学去宿夜买醉。过了一段日子再查到自己的分数跟去年相差无几时，他给朋友B打了电话，说实在没有意思活着了，觉得对不起父母和自己，没有脸面对别人的冷嘲热讽。2天后，A同学死在自己的家中，自杀导致抢救无效而身亡。当2009年国家线出来时，国家线分数比08年分数线低了很多，考名校的A同学有资格进入复试。可是一切已经没有意义了。当人们都为之可惜的时候，一个老师对B说这样的学生就算是考上也没有意义，以后就算有出息这个人也没有多大的作为，况且如果当了领导，他很有可能毁了一个团队。

· *二种意义*

一个学生身心的失衡影响了自己一辈子，一个班主任身心不够健康危害更大，认识班主任身心健康意义非常重要。

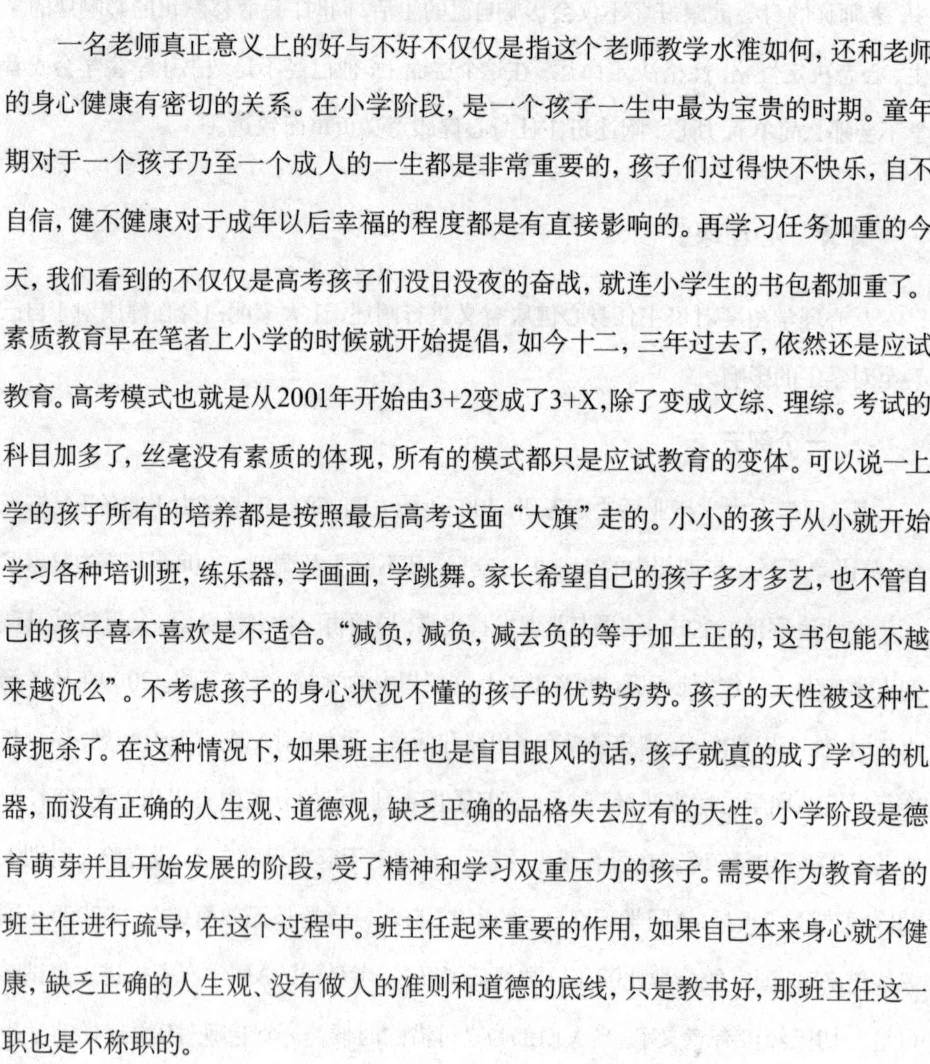

> *第一意义：身心健康的班主任才是真正意义上的好班主任。*

一名老师真正意义上的好与不好不仅仅是指这个老师教学水准如何，还和老师的身心健康有密切的关系。在小学阶段，是一个孩子一生中最为宝贵的时期。童年期对于一个孩子乃至一个成人的一生都是非常重要的，孩子们过得快不快乐，自不自信，健不健康对于成年以后幸福的程度都是有直接影响的。再学习任务加重的今天，我们看到的不仅仅是高考孩子们没日没夜的奋战，就连小学生的书包都加重了。素质教育早在笔者上小学的时候就开始提倡，如今十二，三年过去了，依然还是应试教育。高考模式也就是从2001年开始由3+2变成了3+X，除了变成文综、理综。考试的科目加多了，丝毫没有素质的体现，所有的模式都只是应试教育的变体。可以说一上学的孩子所有的培养都是按照最后高考这面“大旗”走的。小小的孩子从小就开始学习各种培训班，练乐器，学画画，学跳舞。家长希望自己的孩子多才多艺，也不管自己的孩子喜不喜欢是不适合。“减负，减负，减去负的等于加上正的，这书包能不越来越沉么”。不考虑孩子的身心状况不懂的孩子的优势劣势。孩子的天性被这种忙碌扼杀了。在这种情况下，如果班主任也是盲目跟风的话，孩子就真的成了学习的机器，而没有正确的人生观、道德观，缺乏正确的品格失去应有的天性。小学阶段是德育萌芽并且开始发展的阶段，受了精神和学习双重压力的孩子。需要作为教育者的班主任进行疏导，在这个过程中。班主任起来重要的作用，如果自已本来身心就不健康，缺乏正确的人生观、没有做人的准则和道德的底线，只是教书好，那班主任这一职也是不称职的。

> 第二意义：身心健康的班主任是孩子的指导者也是孩子的知心伙伴

心理学家埃里克森的八阶段发展理论告诉我们(6岁—12岁)小学阶段，儿童体验着勤奋感同时克服自卑感，能力方面进行的发展。班主任的应该指导孩子勤奋努力克服难题的同时也要看到因为年幼孩子的竞争而产生心理的负面影响。班主任要在发现时，进行正确的开导。让孩子明白组建班集体的意义和竞争的含义。避免孩子因为压力过大而产生厌学的态度。很多孩子到了三年级突然变得不好管，如果班主任懂得自我身心调控的话，又掌握一定心理学知识时，就应该明白这不是孩子再给你找麻烦。或者是给你难堪。在小学中期，孩子会面对心理上的“关键期”思维不再那么单纯幼稚。渐渐向着抽象逻辑思维开始过渡。如果自己本身不具备这些知识，只看表面现象很容易让一个孩子的身心受到影响。所以，对于学校来言，在看重高质量的教学的同时，再给孩子们快马加鞭的“填鸭式”教学时。多给老师开展一下心理辅导的课程，在中国很多地区，班主任并不会真正意义上教育自己的学生。除了沿海地区做的比较好外，本国的大部分城市还没有这种意识，很多高校都没有重视，更何况是中学，乃至小学。在学校针对学生开设心理咨询是有必要而且迫在眉睫的事情。班主任充当着老师教书和朋友沟通的双重职责。

- ***三面影响***

第一影响：人际交往会受损

一直在强调身心健康，为什么意义如此重大呢。班主任健康的身心关系首先会影响到自己的人际关系。一个人之所以称之为人，跟他所处的环境是分不开的。我们与动物最大的不同是，我们有理智会思考可以控制自己的欲望，懂得遵纪守法。这些跟人的社会化是分不开的。一个乐观的人要懂得交际，我明白人际交往是我们身为社会人一项基本的技能。如果只是闭门造车。不言语、不倾听。那么对于自身来说这就是一种病态的表现。身体或许表面看似依旧健康，但是内在心理状况已经不容乐观了。王老师，只是教学好，但却不参加活动，整日独来独往。这种性格不是内向，而是病态。将这样的做人原则带到课堂可以看出他的学生也将会受到这种影响，并视为是自己道德标准的准绳。不但自己跟同事交往的过程中会受到排挤，而且对于学生以后的发展也是不利的。

第二影响:家庭关系会受损

班主任身心不健康不仅会使得人际交往变得狭窄，同时对于自己的家庭也是一种“灾难”。因为自身已经察觉不到自己是因为身心不健康而引起的变化，很多时候，身体上的外显疾病能够引起大家的广泛重视。可是内心的负面情绪，会不以为然。到最后甚至以为是自己个性使然。“人无完人”我们的心绪并不是时时都是健康阳光的。但是一种恶性情绪持续一段时间就有可能演变成一种心理障碍，也就是心灵得病了。在家人面前，也会有所表现。像王老师那样，离异的原因很大一部分来自于王老师太过于暴躁的脾气。不懂得包容，对人苛刻甚至将自己的思想强加于人。也跟家人有少部分关系，因为没人发现他“病了”，没有人对他进行疏导。作为一名班主任，由于缺乏这方面的常识致使离常态越来越远，更何况是没有任何经验的家属。所以，身心的健康对于人格的健全也有重要的作用。因为这些因素无形损坏一个完整的家就太不值得了。

第三影响:师生关系会受损

班主任对学生的启蒙有重大作用。作为孩子一生中学习生涯的开始，一个班主任对于孩子的影响可以说是潜在的致命因素。在某一时期身心如果出现不适，应该及时进行自我调整。当觉得自己使劲解数都不能让自己回到常态。就得去找心理学专业咨询师进行面对面的心理咨询或者电话咨询。学生身心所受到的伤害远比师生关系受损要严重得多。说到这，介绍一个概念。

师源性心理伤害：指的是在上学在校期间，老师不考虑学生身心而对某些事物主观的进行评价对学生所造成的影响。特别对于小学生来说，孩子对于内心的困惑有时无从解决会主动的进行倾诉或者进行一定程度的心理暴露。举个例子：一个小

学孩子在上课的时候没有听明白老师讲课，也许别的孩子都听懂了，也许那个在课堂的时候这个孩子跑神了，这种现象是经常发生的。孩子不会的问题，当他鼓足一次勇气课下去问老师的时候，恰好这个老师心情不好或者因为自己的一些事情而将负面情绪带到了学校。说："这么简单的题都不会，你怎么这么笨"看似是不重要的一句话，但是对于孩子的误导可能是一辈子的。孩子会想我以后不能不会不能去问问题，不懂也要装懂，最后自暴自弃，导致了恶性循环。就是一个小情绪也许会改变孩子的一生，一句不负责任的话会影响孩子的心灵、甚至一个自己不注意的细微的动作都会映入孩子的眼睛，直射孩子的内心。

由此可见，班主任的身心问题出现的某一阶段对于班主任影响可能是暂时的，但是对于孩子的身心健康可能是阶段性甚至是终生的。所以。相比于师生关系的受损外很重要的一点是对孩子造成不可逆转的影响。可见，班主任身心健康对于孩子非常重要。

☆★　*心理调试*

在影响因素中我们重点把握的是什么因素会影响到班主任的身心健康。而对于意义来言最重要的是要明白这么做的目的究竟是什么。前面介绍的方法不胜枚举。很重要的是班主任应该适度去调控自己的情绪，懂得发泄和放松。不要堆积在心中，一丝一毫都不要。特别是小学生，自我认知不够全面，自我评价不够深刻。做不到明辨是非，分清好坏。家庭矛盾或者是人际矛盾要懂得化解。作为成年人的班主任，在面对多重压力的时候，根据自己的实际情况，塑造自己良好的心态是非常必要的。

· *具体措施*

针对班主任身心健康意义，笔者从下面几个方面向班主任提出几大法宝予以借鉴。

(1) 学会攻破自己内心屏障

古有"说者无意，听者有心"奋斗在小学教育一线的班主任，要合理掌控自己的情绪，不要将负面情绪或激烈的言辞带到课堂。言传身教，小学生模仿力很强。您自己是什么样的人孩子就是什么样的人。做到师生沟通，让学生理解您的同时，您才能更好地去表达您的思想。所以完善自己的性格很重要，对于学习上的后进生要避免瀑布心理效应，后进生不代表孩子没有优点，不代表孩子是最差的，每个人都有自身的优点，只是课堂教学将其锁定为成绩，但不可因为成绩抹杀了一个人的所有优良品质和个性。所以，班主任要注意自己的言行是非常必要的。

⑵ 做个魅力十足的班主任

大家都有这样的体会，对于自己第一印象好的人，才有兴趣进行第二次交往。在交往过程中，因为愿意交往而使得对方越来越迷人。不论怎样，为自己的社交开了个好头，这不仅局限于成人的世界。班主任对于孩子也是如此，如果报到的时候，班主任衣冠楚楚、温文尔雅、并且懂得跟孩子交流，让他们觉得学校温暖，老师对他/她充满期待。那么对于班主任来说带班就成功了一半。敏感的孩子受不了严厉刻板、咄咄逼人、戴着有色眼镜的老师。当您怀着一颗。每个孩子都是家庭的希望时，自己内心有所触动孩子也能感受得到。

⑶ 塑造身心健康不费力

共生效应指的是一种相互促进相互提高的一种共生状态。最早是用于植物界的，一颗植物单独生长显得渺小，但是当把它放在同类植物中时，它长的郁郁葱葱。这就好比我们常说一句“名师出高徒”其实不难理解，师傅有好的绝活，徒弟也会努力去学习，为自己所用。对于班主任的启示是什么呢？“近朱者赤近墨者黑”，要想让自己健康，首先要让自己处于一个健康的环境中，培养自己的性情，陶冶自己的情操。跟道德品行健全的人交往，多参加一些活动，跟朋友多交流。只有性格开始阳光，内心才能真正阳光。身心健康也就不再是难题了。

⑷ 缩小心中目标差距

班主任对于学生教育和自身心理健康，是要双管齐下，齐头并进的抓才好。这个效应，主要阐述，人在答应一个较大的要求时，可能会不容易接受，但是如果是要求一个小要求，然后做到。再要求一个小要求时，人们就会很容易接受。在现实生活中，用简单的话来说就是分解目标，逐级到达。教学中，没有哪个学生能一口吃成大胖子。除非是特别优异的学生，大部分学生还是要逐步强化的。循序渐进的道理是符合人类认知和大众接受范围内的。在自我身心管理方面。各位班主任都会有个目标值，也就是最后完美的状态。不妨把这个长期目标变成短期的目标逐一突破，进行阶段性强化，最后实现自我心中的实现。

· **小建议**

> 起床对着镜子微笑，告诉自己一天新的开始，什么坏心情和困难都能克服，干净得体的出门。

> 给每个孩子以期待的目光，达到心中的目标，就给予赞扬。没有差的孩子，要善于挖掘孩子的优点，就像对待自己的孩子一般。也培养了自己海纳百川的胸襟。

> 尊重学生，尊重家人，朋友，做孩子的好榜样。

> 化解负面情绪，营造班级良好的氛围。言传身教很重要。

> 广交益友，多参加有益的活动，环境自然塑造性情。

> 乐观的看待学生和自己身上的缺点，相信人无完人，帮助自己和引导学生做到好。

· ***活动***

下面是一个关于教师身体健康调整的团体活动范例：

团体目标：缓解不良体验，放松自己身心。

团体性质：结构式、发展性团体

团体对象：教师

团体人数：2-4人为宜

活动名称：放松训练

规则：

> *准备。训练场所应安静、舒适、灯光稍暗。当事人可以坐在椅子上、或躺在椅子上、床上保持松弛的状态，闭眼或者半闭眼，深呼吸几次。保持规律而缓和。*

> *指导者可以告诉被试："我们将进行放松训练，你将会发现它相当有趣，但我将依你的要求调整速度。握紧左手，握紧5秒钟，再放松。"体验松弛和紧张的区别。*

> *每次对每组肌肉做到：收紧肌肉—坚持5秒—放松10秒。体会紧张和松弛的区别。在进程中适当穿插深呼吸，深呼吸3次，每次呼吸后停住，再徐徐呼出，肌肉放松次序及紧缩。*

> *从头顶到脚跟进行放松训练。*

> *享受松弛舒适的感觉，然后睁开双眼，回到现实。*

> *组员互相倾诉自己想象的场景以及内心的感受。*

活动分享：你的感受是什么？

感受：体验全身心的放松，缓解自身疲劳，通过组内言说，达到轻松后的共享，增进彼此的亲密度。

☆★ 在线互动

通过测验能够使得小学班主任更好的加深了解自己的身体和心理健康。以下20道题，进行"是""否"单项选择：

作为班主任一定很想了解自己的身心健康的程度，通过测验会让班主任更好的了解自己的身体和心理健康。以下20道题，进行"是""否"单项选择：

1. 每当站在讲台上，是否会紧张得出汗？　　　　*是*　　　　否

2. 看见陌生的人是否会手足无措？ 是 否

3. 看见熟悉的人是否会影响手头的任务？ 是 否

4. 遇到突发事件时，头脑是否会不清醒？ 是 否

5. 心里紧张时是否会犯错误？ 是 否

6. 是否会经常把别人交办的事情搞错？ 是 否

7. 是否会无缘无故地挂念不熟悉的人？ 是 否

8. 没有熟人在身边是否会感到不踏实？ 是 否

9. 是否经常犹豫不决，摇摆不定？ 是 否

10. 是否总希望有人跟自己聊天？ 是 否

11. 是否被人认为不够聪明？ 是 否

12. 在别人家里吃饭，是否会感到陌生和不舒服？ 是 否

13. 和别人见面，是否会感到陌生和不舒服？ 是 否

14. 是否会因不愉快的事情缠身难以释怀？ 是 否

15. 是否经常哭泣？ 是 否

16. 是否因处境艰难而失去信心？ 是 否

17. 是否感到厌世？ 是 否

18. 是否感到生不如死？ 是 否

19. 是否总是郁郁寡欢？ 是 否

20. 家里是否有郁郁寡欢的人？ 是 否

选“是”的得1分，选“否”的不计分。

0–5分 身心健康，希望继续保持好的状态

5–10分 身心健康状态欠佳，需要及时进行调整

10–15分 身心健康可能不健康，需去咨询心理医生。

15–20分 身心已经不健康，需要进行治疗。

· 人生感悟

苏霍姆林斯基提出了“要让每个学生都抬起头来走路”，对学生投以爱而非溺爱，让孩子有幸福感。教育者身心健康是最为实际的言传身教。小学阶段的儿童，童年应该是健康幸福的。

◎ 调节身心，自我修炼 ◎

［本章导读］

塞缪尔曾经说过，世界就如一面镜子，你对它皱眉，它也皱眉看你，如果你笑着对它，它也笑着看你。我们的生活也是一样的，有时你可能会欣喜若狂，有时会焦虑不安，有时孤独恐惧，有时满腔怒火，有时悲痛欲绝，有时舒适愉快等。然而教师这个职业，更加赋予了我们一种责任，教孩子如何以健康的心态去面对这个社会，在孩子面前我们要更多的给予微笑和阳光，尤其是小学班主任，如果把你的学生比作嫩苗，那么你就是浇灌培育它的人，所以为了孩子，更为了我们自己，我们更应该学会调节身心，自我修炼。

本章分二小节，对小学班主任如何从情绪方面达到陶情适性，以及游刃有余的达到从内至外的平衡，最后达到内外兼修作了阐述。我们从案例入手以更专业的视角对教师的身心健康进行调试，通过心理测试和团体活动的示范让教师了解如何着手改变自己的心态，最终达到真正的内在和外在的和谐统一。

陶情适性——塑造小学班主任的阳光情绪

［本节导读］

当你照镜子时，你可曾有过对自己进行微笑？当你在被难题困扰时，你可曾焦急的汗如雨下？当你一人走在夜路上时，你可曾害怕的毛骨悚然？不错，我们的生活充满着各种各样的情绪。这一切，使我们的生活丰富多彩，同样也影响着我们的生活。班主任这个特殊群体，这个培养祖国花朵的神圣职业，我们就像一面镜子，我们的一言一行、喜怒哀乐都会被小学生模仿，从而影响到小学生的发展。由此可见，我们有必要对情绪进行进一步的认识。

☆★ 身边的故事

小枫和小林同是某师范大学的高材生，两年前刚毕业的她们，响应了国家政策，到贫困地区做了某小学特岗教师。学校领导也很重视她俩，让她们做了班主任。刚开始工作时，充满了新鲜与激情，她们很高兴与这些孩子们在一起，帮他们学习和成长。一段时间之后，小枫开始对这里产生了厌烦，她为自己身为大学生却来教这些幼稚的小学生而愤慨。身为班主任的她，每天还要给这些孩子们处理一些鸡毛蒜皮的小事，加之这里条件的艰苦，使得她后来每天没精打采，闷闷不乐，不愿意和老师及同学交流，这也因此影响了她的睡眠及人际关系。然而，小林却恰恰相反。班主任一职增加了她与学生的接触，她看到了小学生思考及处理问题的方式，感受到了他们的善良和可爱。她深深的爱着这些孩子们，为能够和这些孩子们在一起而感到幸福。 她每天高兴的辅导学生作业、帮他们解决烦恼，慢慢的，喜欢她的老师和学生越来越多……

- ***心灵寄语***

生活中我们所经历的每一件事都会伴随着情绪的产生，然而由于有着“横看成岭，侧成峰远，近高低各不同”的认知，不同的人在面对同一事时也会有不同的情绪。

其实，类似小枫和小林的案例时有报道。作为一名小学班主任，在面对他们的工作时产生了不同的认知，进而产生了不同的情绪，影响了他们以后的行为和发展。拥有消极情绪的小枫，每天闷闷不乐，身体情况和人际关系等越来越糟。然而拥有积极情绪的小林，天天开开心心，各个方面发展的越来越好。由此可见，阳光情绪的塑造对保持一个人身心健康的必要性。

☆★ 心理课堂

· 情绪概述

心理学家们曾给情绪下过许多定义。如美国心理学家阿诺德的定义为："情绪是对趋向知觉为有益的、离开知觉为有害的东西的一种体验倾向。这种体验倾向为一种相应的接近或退避的生理变化模式所伴随。这种模式在不同的情绪中是不同的。"另一位心理学家利珀则把情绪定义为"情绪是一种具有动机和知觉的积极力量，它组织、维持和指导行为。"而前苏联心理学家为情绪做出一个十分概括的定义："情绪是对事物的关系或主观态度的体验。"

国内的心理学教科书一般把情绪定义为："情绪是人对客观事物和对象的态度的体验。"为了便于理解，可把情绪定义为："情绪是人的心理活动的重要表现，它产生于人的内心需要是否得到满足。"

> 积极情绪

积极情绪 (positive emotion) 是一种具有正效价的情绪。罗素 (Russell) 认为"积极情绪就是当事情进展顺利时，你想微笑时产生的那种好的感受。"弗瑞迪克森 (Fredrickson) 认为"积极情绪是对个人有意义的事情的独特即时反应，是一种暂时的愉悦"。情绪的认知理论认为积极情绪就是在目标实现过程中取得进步或得到他人的积极评价时产生的感受。

我国心理学家孟昭兰 (1989) 则认为"积极情绪是与某种需要的满足相联系，通常伴随愉悦的主观体验，并能提高人的积极性和活动能力"。因此，积极情绪是指由能够满足个体需要的事件引起的、伴随愉快体验的情绪状态。

> 积极情绪的类型

Fredrickson认为积极情绪包括快乐 (joy)、兴趣 (interest)、满足 (contentment) 和爱 (love)。

Fredrickson也把自豪（pride）和感恩（gratitude）两种情绪也归为积极情绪之中。自豪是指目标实现或得到他人积极评价、自我价值得到认可时产生的情绪，感恩是受益人感知到另一个人（施益人）或某一个施益源（上帝、好运、命运）的作用，提高了受益人的幸福感时而产生的积极情绪。

· ***消极情绪***

消极情绪是指在某种具体行为中，由外因和内因影响而产生的不利于继续完成工作或者正常的思考的情感。消极情绪包括：忧愁、悲伤、愤怒、紧张、焦虑、痛苦等。

消极情绪的发展有可能会引起心理的变化，表现出心理障碍，主要包括焦虑症和抑郁症。焦虑症者主要表现为对自己完成和应付事物的能力的怀疑，他们夸大自己的失败、忧虑、紧张和恐惧，他们离不开别人的支持和安慰，对突发事件无能力应付并在此之后仍恐惧、紧张和坐立不安。常导致头痛、失眠及人际关系的紧张。抑郁症者常有悲哀的、冷漠的心境，消极的自我概念，过分的自我谴责意识，刻意回避他人期望，嗜静爱睡厌动的感觉。对任何事情都不感兴趣，严重的有自杀的现象。

· ***情绪与健康***

每个人都有情绪，有消极情绪，也有积极情绪，而两者都与身心健康有着密切的关系。小学班主任的情绪波动与心理活动和生理功能是紧密相连的，即所谓牵一发而动全身，心理状态会直接影响到身体的健康。

> *消极情绪不利于小学班主任的身心健康*

⑴ 消极情绪影响小学班主任的心理健康，作为小学班主任，每日会面对纷繁的工作，这就导致情感体验丰富复杂，情绪起伏波动也会很大，容易陷入情绪困扰，长期持续的消极情绪会严重危害小学班主任的心理健康。当处于消极情绪时，在过度的情绪反应或持久性的消极情绪作用下，神经系统的功能会受到影响。突然而强烈的紧张情绪的冲击会引起激情反应，使人的意识范围变得狭窄，正常判断能力减

弱，甚至有可能使人精神错乱、行为失常。持久的消极情绪会使人的大脑机能严重失调，严重影响小学班主任的身体健康，同时它会促使一些病症产生，如：抑郁症、焦虑症、自杀心理、社交恐怖症等，甚至诱发神经症和精神疾病。

(2) 消极情绪影响小学班主任的身体健康，消极情绪往往会损害人的健康，因为消极情绪产生时会过分刺激人的器官、肌肉及内分泌腺。小学班主任面对紧张的生活、严谨的工作时，容易产生一些消极情绪，如抑郁和焦虑。当焦虑、抑郁产生时，人体胃肠蠕动会减弱，消化液的分泌会减少；焦虑、紧张、愤怒、痛苦等消极不良的情绪往往会引起或激发某些疾病的发生；高血压、胃溃疡等疾病就是由于过分的恐惧或抑郁所引发；更严重的是，免疫系统也会受到消极不良的情绪影响，从而会增加患上癌症或其他严重疾病的几率。由此可见，消极情绪对小学班主任的身体健康有着非常大的危害。

> 积极情绪有利于小学班主任的身心健康

(1) 积极情绪能够促进班主任增进身体健康，从而提高免疫力。良好的情绪可以减少和消除对肌体的不良刺激，可以直接作用于脑垂体，保持内分泌功能的适度平衡，从而使全身各系统、器官的功能更加协调、健全。

(2) 积极情绪能够促进班主任保持快乐、满足、自豪、喜悦的情绪体验，这些积极情绪的出现，能提高大脑及整个脑神经系统的活力，使体内各器官的活动协调一致，有助于充分发挥整个机体的潜能，有益于教师身心健康和提高学习和工作的效率。积极情绪使得班主任能够享受工作中的乐趣，从而使班主任精神奕奕，容光焕发，激发班主任的创造力。保持心情愉快可以促进小学班主任对学生的爱护，有助于对自己的事业充满信心。

☆★ 心理调试

所谓，“师者，所以传道、授业、解惑也”这一观点早已深入人心，然而情绪本身是具有生物性的、反思性的、干扰思考和判断、易导致不当的决定或不理性的行为（Gate, 1997），所以作为一名教师，更应该具有调控情绪的能力。拥有稳定积极的情绪，不仅对教师自身的身心健康有重大意义，并且也影响着学生的心理健康。健康的心理，是学生将来为祖国服务的基础，是成才的基础，因此教师也应该成为良好情绪的引领者。

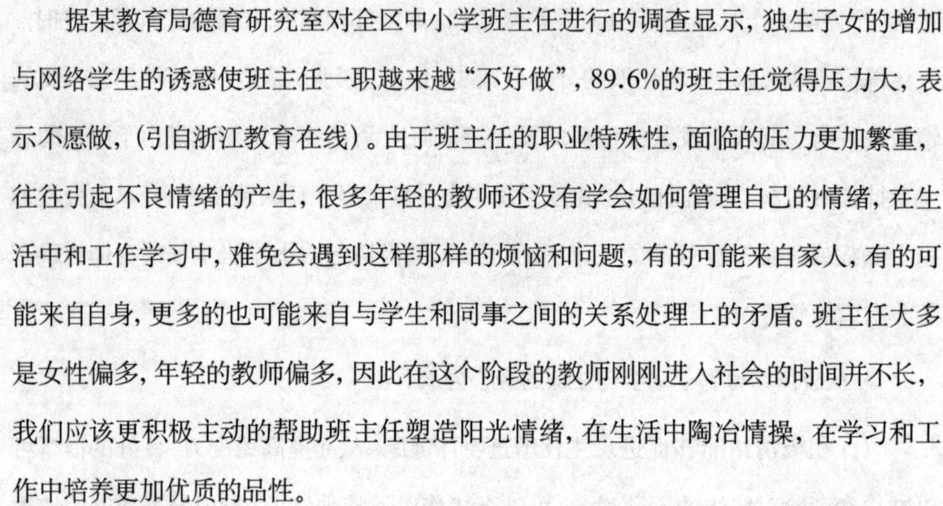

据某教育局德育研究室对全区中小学班主任进行的调查显示，独生子女的增加与网络学生的诱惑使班主任一职越来越“不好做”，89.6%的班主任觉得压力大，表示不愿做，（引自浙江教育在线）。由于班主任的职业特殊性，面临的压力更加繁重，往往引起不良情绪的产生，很多年轻的教师还没有学会如何管理自己的情绪，在生活中和工作学习中，难免会遇到这样那样的烦恼和问题，有的可能来自家人，有的可能来自自身，更多的也可能来自与学生和同事之间的关系处理上的矛盾。班主任大多是女性偏多，年轻的教师偏多，因此在这个阶段的教师刚刚进入社会的时间并不长，我们应该更积极主动的帮助班主任塑造阳光情绪，在生活中陶冶情操，在学习和工作中培养更加优质的品性。

- ***具体措施***

针对如何塑造小学班主任的阳光情绪，我们从不同方面为班主任提出几大法宝予以借鉴。

⑴ 改变心中消极的信念，接受不合理的存在

在艾里斯的情绪ABC理论当中，有一项技巧是逃斥，我们班主任在生活中以及工作当中当产生不合理情绪的时候可以使用这套方法来动摇你的情绪和想法，也是帮助您走出牛角尖的一种方法。首先介绍一下逃斥的步骤：

> *在逃斥你的想法之前先要接受你已经产生的情绪；*

> *接受拥有这些负面情绪的你*

> *确定我们需要改变的信念*

> *转为合理的想法*

按照以上步骤，我们以一个实际的情绪调节过程为例：

例如：

> 你可以告诉自己：我不喜欢自己现在这样情绪失控的行为，如果可以的话，我宁愿不生气，但是我免不了会有些不良情绪；

> 虽然我有这些负面情绪，但是并不代表我是个很糟糕的人，这只能说明我和大多数人一样是个平凡的人；

> 我的学生对我的态度确实不好，但是他不一定是因为不尊敬我才这样做，他对每个老师都是这样，并不是针对我；

> 我的学生不一定是不尊敬我。

以上我们用逃斥法实际为老师示范了当出现一些不合理情绪时，我们应该如何应对。要积极接受不合理的信念的出现，同时用更积极的心态去把它转化成合理的信念、积极的情绪。

☆★ *视窗*

合理情绪疗法的ABC理论

ABC情绪调节理论是20世纪50年代由艾里斯在美国创立的合理情绪治疗的基本理论中的主要理论。

ABC来自3个英文字的字首。在ABC理论的模型中，A是指诱发性事件（Activating events）；B是指个体在遇到诱发事件之后相应而生的信念（Beliefs），即他对这一事件的看法、解释和评价；C（Consequences）是指在特定情景下，个体的情绪及行为的结果。艾里斯的ABC理论是建立在他对人的本性的看法之上的，他的这种看法可归结如下：

⑴ 人既可以是有理性的、合理的，也可以是无理性的、不合理的，当人们按照理性去思维，去行动时，他们就会是愉快的以及行有成效的人。

⑵ 情绪是伴随着人们的思维而产生的，情绪上或心理上的困扰是由于不合理的、不合逻辑的思维所造成的。

⑶ 任何人都不可避免地具有或多或少的不合理的思维与信念。

⑷ 人是有语言的动物，思维借助于语言而进行。不断地用内化语言重复某种不合理的信念就会导致无法排解的情绪困扰。

⑸ 情绪困扰的持续是由于那些内化语言持续的结果。埃利斯曾指出“那些我们持续不断地对我们自己所说的话就会变成我们的思想和情绪。”

ABC情绪调节理论可以帮助我们了解情绪是如何产生的。

通常，人们会认为人的情绪及行为反应是直接由诱发性事件A引起的，即是A引起了C。然而ABC理论指出，诱发性事件A只是引起情绪及行为反应的间接原因；而人们对诱发性事件所持的信念、看法、解释，也就是B，才是引起人的情绪及行为反应的更直接的起因。也就是说，不良情绪并不是由某一诱发事件本身所引起的，而是由经历了这一事件的人对这一事件的解释和评价所引起的。

⑵艺术的力量——让不良情绪烟消云散

很多人在日常生活中有自己调节情绪的妙招，很多老师在与我们沟通过程中也跟我们提供了他们自己的方法，比如听听音乐，当你心情烦躁的时候，带上耳机听听舒缓的音乐，让你那颗躁动的心暂时放慢脚步，有的老师还会在消极情绪产生时到舞蹈室去跳舞，或者做做瑜伽。的确，这些都是可以使不良情绪消减的方法，在心理学的专业领域中，我们通常管此类方法叫艺术疗法，在这里，我们还要给大家介绍一种色彩疗法，在情绪低落时，我们可以到一个充满温暖、色调明快的气氛中去，避免处于黑色或深蓝色的环境中，在烦躁或愤怒的时候也应该尽量避免红色。艺术的力量是强大的，艺术往往可以陶冶一个人的情操，教师在面对自己的学生过程中也要学会更艺术的调控自己的情绪，通过变换自己的服装颜色，或者去听些音乐，进行一些舞蹈的训练，可以使积压在心中的不良情绪得以释放。

(3) 注意力转移法，把坏情绪丢掉

注意力转移法，是指当人感觉到情绪激动时，为了使它不至于爆发和难以控制，比如当我们班主任老师在批评自己的学生时，往往会因为学生的调皮以及不认真的态度，影响我们的情绪，但是我们不能因此而对学生发泄我们的情绪，这时就需要有意识地转移注意力，把注意力从引起不良情绪的刺激情境转移到其他事物或活动上去，当你正想要对你的学生大发雷霆时，这个时候记住马上还要去上下一节课，要去准备教案等等，这时就可以把自己的情绪收回，不再针对眼前批评学生这件事了。

(4) 了解人生的本质——做情绪的主人

教师是神圣的职业，小学教师可以说是对孩子人生有指导性和榜样性作用的第一人，教师的情绪如果带到课堂与学生的沟通中，对班级的气氛以及学生对知识的汲取都有很大的影响。这个时候我们应该更加明白自己身上的职责和人生的本质，我们不仅仅是在做自己的，更是给孩子在做榜样，所以在给自己的人生有明确的定位时，教师更应该知道如何做情绪的主人。情绪的调控方法有很多种，但是最重要的是我们内心的那份平和和安宁，在安定的生活中，我们也许会对自己的生活有些许不满，也许会觉得长时间面对孩子的调皮捣蛋感觉很头痛，慢慢的工作或许会缺乏新鲜感，或许我们主动的去推陈出新，改变自我，可以让我们的消极情绪消失，我们可以去换个与孩子们沟通的方式，在上课时当我们感觉到疲乏劳累，心神不宁时，也许可以给孩子讲个趣味故事，会放松自己的心情，或许我们也可以和其他的老师共同探讨如何更好的与学生建立良好的师生关系，总之，只要我们积极地去面对人生中的挑战和困难，合理的排解情绪，以豁达的心接受周围的一切，你的家人，你的朋友，你的学生，我们都会真正成为情绪的主人。其实，教师的情绪对于教育教学活动有着重要的意义，教师自身的情绪情感是教育学生的起点和动力基础，它直接影响学生的情感，影响学生的学习兴趣和智力活动的积极性，所以，教师要学会良好的调控自己的情绪，真正的理解教师工作的意义感，突破自身和外界的限制，才能成为优秀的人民教师。

· ***小建议***

> *放下过去，珍惜现在，处理好自己和未来的关系，教师要学会从当下体会幸福；*

> *保持愉悦的心境，知足常乐，对不合理的事件，一笑了之；*

> *努力增加积极情绪，要学会幽默；*

> *多去帮助他人，会给自己带来快乐，也让自己的心境坦然；*

> *不良情绪的升华，把挫折和不良情绪引向更崇高的境界；*

> *要懂得换位思考，摆脱以自我为中心的不良情绪。*

☆★ *在线互动*

作为小学班主任的你是否对自己的情绪有所了解呢？下面的问题也许能帮你回答。请根据您最近一周的实际感觉，在适当的数字上用“✓”表示。

1 偶或无	2 有时	3 经常	4 持续

1. 我觉得比平时容易紧张和着急。 *1 2 3 4*

2. 我无缘无故地感到害怕。 *1 2 3 4*

3. 我容易心里烦乱或觉得惊恐。 *1 2 3 4*

4. 我觉得可能将要发疯。 *1 2 3 4*

5. 我觉得一切都很好，也不会发生什么不幸。 *1 2 3 4*

6. 我手脚发抖打颤。 1 2 3 4

7. 我因为头疼、颈痛和背痛而苦恼。 1 2 3 4

8. 我觉得容易衰弱和疲乏。 1 2 3 4

9. 我觉得心平气和，并且容易安静地坐着。 1 2 3 4

10. 我觉得心跳得很快。 1 2 3 4

11. 我因为一阵阵头晕而苦恼。 1 2 3 4

12. 我有过晕倒发作或觉得要晕倒似的。 1 2 3 4

13. 我呼气吸气都感到很容易。 1 2 3 4

14. 我的手脚麻木和刺痛。 1 2 3 4

15. 我因为胃痛和消化不良而苦恼。 1 2 3 4

16. 我经常要小便。 1 2 3 4

17. 我的手脚经常是干燥温暖的。 1 2 3 4

18. 我脸红发热。 1 2 3 4

19. 我容易入睡，并且一夜睡得很好。 1 2 3 4

20. 我做噩梦。 1 2 3 4

SAS量表采用4级评分法。即选1得1分，选2得2分。第5，9，13，17，19项，按4~1顺序反向计分。即选4得1分，选3得2分。将得分相加乘以1.25。得分在50—59为轻度焦虑，60—69为中度焦虑，70以上为重度焦虑。

- ***人生感悟***

什么是幸福？我们常常这样问自己？

幸福是一种财富，幸福是一种享乐，同时幸福更是一种成功，拥有阳光的情绪是幸福的开始，作为一名教师，你觉得你幸福吗？尽管如流往事，每一天都涛声依旧，但只要我们消除执念，便可寂静安然，从现在起，打理好自己的心绪，用心迎接清晨起的每一缕阳光！

游刃有余——驾驭小学班主任的内外平衡

[本节导读]

随着生活节奏的加快和生活成本的提高，人们在纷繁复杂、如潮而至的机遇和挑战面前也承受着越来越多的压力。现代生活中，压力是普遍存在和经常出现的，好比感冒，人人都会遇到。正如Dr. Carl Albrechtcht曾指出："压力是人类本能的一种自然部分……一个零压力是不可能的。"，我们唯一能做的就是"学会分辨出在一个合理压力与过度压力间的差别"。小学班主任作为学生的最初的引导者，常常会感到责任重大，期望很高，角色产生冲突等问题，这样就会面对各种各样的压力源，有的班主任面对压力时会适度的调整身心紧张状态，他们会很快的适应环境，提高学习和工作效率，但相当一部分班主任会长期处在工作压力之下，他们的紧张反应过于强烈持久，超过了自身的调节和控制能力，就可能导致心理和生理功能的紊乱，这样就会导致个人生活质量下降，产生职业倦怠，工作不求进取或耗费大量时间去寻求新工作。受职业压力困扰的班主任会产生身体不适、失眠等不健康表现，而学生和家庭则是教师所受职业压力的最终受害者。毫无疑问，只有那些感受到压力的人才会需要对自己做出调整，因此我们应该了解压力，驾驭自己的身心平衡。

☆★ 身边的故事

李老师是某市重点小学的一名有多年教学经验的小学班主任，工作态度认真，教学严谨，并且很受同学的爱戴。近年来，许多年轻的老师的涌入给该小学带来了新的生机，但同时这些资历比较深的老教师也感受到了竞争和压力，年轻的老师给孩子带来的是更新和更与时代接轨的教学内容和教学方式，在这种压力下，李老师一度感觉自己工作力不从心，由于和年轻教师缺少沟通和交流，使李老师变得越来越闭塞，整个人的精神状态也变得很差，身体状况也每况愈下，在一次下课回教室的途

中，李老师突然感觉到一阵头晕，昏倒在走廊中间，很多同学都过来搀扶，对于李老师的情况，很多学生和领导都感觉到很惊诧，李老师是学校优秀教师，教学骨干教师，谁也没想到平时那么有激情并热爱自己的工作的李老师会突然晕倒。

· *心灵寄语*

上面这个小故事就发生在我们教师的身边，像李老师这样的情况也不在少数，面对这种工作压力，我们班主任需要做的是更加积极主动的认识到自己的问题，及时调整自己的心态，并加强锻炼，提高自己的身体素质，最后达到可以驾驭内外的身心平衡，这是个班主任应该提起重视的问题，并且积极去修善和调试自己的身体健康和心理健康。

☆★ 心理课堂

中国古代哲人孟子曾说："得天下英才而教育之，三乐也"。相比较现在的教师，有多少会为自己的班级多收一个学生而快乐的呢?更多的班主任恐怕会说少一个学生就少一份责任，更多的任课老师恐怕会说少一个学生就少批改一份作业。为什么今天我们的很多教师没有了职业幸福感?为什么他们不能从自己的工作中享受到"传道授业解惑"的愉悦，却产生日渐加重的倦怠情绪呢?在我国中小学教师群体中出现的职业倦怠问题已经是一个无可争辩且不容回避的事实，它一方面严重影响着教师的身心健康，阻碍着教师的专业发展，另一方面影响着学生的学习和身心健康，对学校和社会也会产生消极连锁反应。那么如何有效预防和缓解教师职业倦怠呢?只有找对病根，对症下药，才能药到病除，所以要驾驭小学班主任的内外平衡必须对压力有所了解。

压力源

心理压力的产生原因是复杂的，我们将这些具有威胁性或伤害性并因此带来压力感受的事件或环境称为压力源。生活中的压力源可能存在于人们自身，也可能存在于环境中。但是，人类最主要的压力源是人，人际关系是造成压力的最主要来源。心理学家在研究中把造成压力的各种生活事件进行分析，提出了四种类型的压力源：

> *躯体性压力源*

躯体性压力源是指通过对人的躯体直接发生刺激作用而造成身心紧张状态的刺激物，这一类刺激是引起生理压力和压力的生理反应的主要原因。而班主任作为孩子的灵魂工程师，肩负着巨大的任务，他们要不断地进行观念提升，知识更新和技能补充，这就加大了教师的负担，使教师的工作量加大，工作时间延长。有的教师甚至牺牲自己的休息、睡眠时间潜心于教学和学生工作。据统计，教师每天的工作时间比国家法定时间要多1．67个小时。抽样调查也表明，教师在晚上10－ 12点休息的占42．9%，在晚上12点以后休息的占21．6%，还有54．4%的教师经常在双休日加班，长期超负荷工作，使不少教师表现出体力不支、精力不足、精神紧张、失眠及神经适应能力下降等症状。

> *心理性压力源*

心理性压力源是指来自人们头脑中的紧张性信息。例如心理冲突与挫折、不切实际的期望、不祥预感以及与工作责任有关的压力和紧张等。心理性压力源与其他类型压力源的显著不同之处在于它直接来自人们的头脑中，反映了心理方面的困难。生活中的压力事件处处可见，班主任与同事或领导有冲突、工作缺乏支持等是教师职业紧张的主要心理性压力源。同事关系紧张，教师难以寻觅到一个关系相当确定的伙伴，依赖感得不到满足，难免产生孤独的心理。教师为了谋求问题的解决，寻觅到伙伴的相助，便要学会如何“适应别人”，学会和那些他们并不真的喜欢或尊敬的人建立联系，这又压抑了他们的个体性和存在感，在这种情况下必然会产生焦虑。工作缺乏支持，教师的辛劳便失去了学生家长及其他社会成员的认同，就会产生委屈等的心理。考试次数的增多，使教师疲于应付，并因此而产生紧张心理；考试成绩与教师的工作业绩挂钩，乃至与教师的年终考核、职称评定、奖金的发放等联系密切，必然引发教师的职业紧张心理。教师一般很少有机会参与到与自己直接有关的决策中(如政策的变化和执行、课程的变化等),这往往会导致他们士气和自尊水平下降,工作满意度降低,这种影响逐渐累积就会产生职业压力并最终导致职业倦怠。

面对这些压力,为什么有的人无动于衷,有的人却耿耿于怀,区别常常源于人们内心对压力的认知。如果过分夸大压力的威胁,就会制造一种自我验证的预言:我会失败,我应付不了。长此下去,会产生所谓的长期性压力感,畏惧压力。

> *社会性压力源*

社会性压力源主要指造成个人生活方式上的变化,并要求人们对其做出调整和适应的情境与事件。 社会性压力源包括个人生活中的变化,也包括社会生活中的重要事件。个人生活的改变常常会给人带来压力。社会对教师的多重角色要求提高。在传统的观念中,教师是人类灵魂的工程师,是传道、授业、解惑的专家,是满腹经纶的学者。社会关注更多的是教师的责任和奉献,而忽视了教师作为一个平凡人所应有的需要。千百年来社会对教师职业的期望很高,加之教师好面子的心理较重,教师职业已经演变成为一种虚拟的崇高职业。缘此,限制教师言行的社会准则和伦理规范较之其他行业多,直接引发了两种后果:一方面,教师感到言行倍受约束,适应较为困难,乃至产生不自由之感;另一方面,教师接触社会展示自我的机会减少,自身潜能难以实现,致使价值感和成就感较低。其次,教师的待遇低。国外的研究显示,教师的工资低,增资的频率和幅度较其他职业小、奖金及强利普遍少、获得提升的机会少等,是教师职业紧张的社会压力源之一。班主任是全班学生的管理者,是学校德育的主要承担者和全校学生的行为教育管理者。班级管理是学校管理的基础,每个班主任的班级管理工作到位了,学校的教育教学工作就已经完成了一半。所以,班主任教师不仅要对班级的学习成绩负责,而要对班级的纪律、安全,学生的行为表现负责,要保证一个班级全体学生不出一点差错,这个责任是非常巨大的,而且小学生的思想正处于塑型时期,需要班主任给予更多地关注,过去的教师只有教书、育人双重责任,现在班主任又多了安全、升学两副重担,这使得工作相当繁重而繁琐。而且，工作量大、工作时间长、工作报酬低，班主任管理考核中的缺陷和班主任工作要获得成绩较难是班主任教师压力的主要来源。

社会性压力源还包括教师的角色冲突严重，教师的角色冲突有两个最主要的来源：一是学生家长等其他社会成员期望教师提供给学生高质景的教育，而教师又缺乏选择最优教材和教法的自主权；二是教师虽有维持纪律的责任，却没有足够的权威履行这一责任。角色冲突使得教师在对学生进行教学和教育工作中的自主权和权威性缺失，产生无奈、无力感。

> 文化性压力源

文化性压力源最常见的是文化性迁移，即从一种语言环境或文化背景进入到另一种语言环境或文化背景中，使人面临全新的生活环境、陌生的风俗习惯和不同的生活方式，从而产生压力。当前我国正经历着一场深刻的社会变革，整个社会的经济、政治、文化体制和人们的利益结构正在发生重大调整，传统的教育体制模式受到一定程度的冲击。教育教学改革、人事分配制度改革、科技管理体制改革等一系列改革在全国全面展开。同时，随着聘用制的实施、薪酬制度的改革和全员竞聘上岗的推行，教师的职务终身制被破除，随时而临待岗、转岗、降级甚至失业的威胁；同时，“兼顾公平，优劳优酬”政策的实行，也使教师之间的收入差距显著拉大。这些都给教师带来了巨大的心理压力。在教学管理改革方面，“教学督导力度的加大、学生评教工作的开展、教学质量一票否决制”的施行等也给教师造成较大的压力。而素质教育、创新教育的实施，教学水平评估的开展，学分制的推行和现代教育技术的应用，使许多教师的教育理念、知识结构、教学技能、教学方法等都跟不上教育发展的形势，于是他们只得不断地进行观念更新、知识补缺和技能提升。班主任若不改变原来习惯，适应新的变化，常常会出现不良的心理反应，甚至积郁成疾。

· **压力的生理反应**

压力根据性质的不同，对人的不同生理影响，可以分为短期的、偶然发生的压力

下的应急反应和长期压力下产生的一般适应症候群。

短期压力下的生理反应：应急反应

无论是动物还是人类，在遇到突如其来的威胁情境时，身体都会自动发出一种"总动员"的反应。这是本能的生理现象，可以使个体迅速进入应急状态来维护自身安全的反应就称之为应急反应。

应急反应有两种表现：一是向对象攻击；二是逃离现场。这个时候生理上的变化是相当复杂的。肝脏迅速释出葡萄糖，以增加全身肌肉活动的能量。身体迅速增加分泌相关激素，转化脂肪和蛋白质为糖份，以备体力消耗之需要。心跳加快，血压增高，呼吸急促，以便吸入更多氧气。

长期压力下的生理反应：一般适应症候群

生理心理学家汉斯·薛利以白鼠为对象进行的多次关于压力时间长短与身体反应关系的实验。根据研究结果，他提出了一般适应症候群的概念。他认为身体对长期压力的整个适应反应过程分三个阶段：警觉反应阶段，抗拒阶段和衰竭阶段。

压力刚刚产生时，我们会进入警觉反应阶段，这时会感到情绪震撼，体温与血压下降，肌肉松弛，明显缺乏适应能力。紧接着又会产生心跳加快，呼吸急促，血压升高，新陈代谢加速等生理变化。

当压力持续不断的刺激我们，我们就会进入抵抗阶段，这个时候生理功能大致恢复正常，但各项指标仍在较平常高的位置，这表示个人已经能适应压力下的艰苦生活环境。但是如果压力持续不减。就会导致衰弱阶段的出现。

到了衰弱阶段，适应能力会丧失，精疲力竭，整个生理陷入崩溃状态，这个时候如果压力减轻或消除，身体的功能就会恢复正常，但压力太大或长期处于压力状态下，则会造成一些身心症，例如高血压、偏头痛、腰酸背痛、心脏疾病、肠胃疾病如消化不良和胃溃疡、月经失调，皮肤病变如湿疹、皮肤炎等问题，严重者甚至导致死亡。

因此，我们可以看出，虽然压力时时都有，但是不同程度的压力对人的生理影响也是不同，短时期的压力可以促进潜能的激发，而长期的压力则会使人体产生疾病甚至死亡。而压力对于班主任的身体状况来说是不可忽略的问题。

· 压力的心理与行为反应

心理异常、行为怪异等反应，是人们在应激状态下最直接最明显的压力效应。压力引起的心理反应有警觉、注意力集中、思维敏捷、精神振奋，这是适应的心理反应，有助于个体应付环境。在适度压力下竞争容易出成绩，但是，生命不能承受之重压，往往会引起个体的负面情绪反应，如焦虑、恐惧、抑郁、悲观失望、容易激怒，也会认知上的偏差，如出现倦怠、疲劳、控制感水平降低、消极自我评价、注意力难以集中、自主决断能力下降、习惯性的糊涂与健忘、感觉挫折和无奈、感觉孤立和被隔绝，表现出消极被动。过度的压力会影响智能，压力越大，认知效能越差。人们在压力状态下的心理反应存在很大差异，这取决于人对压力的知觉和解释以及处理压力的能力。

当人们面临压力时会有各种行为变化，这些变化决定于压力的程度以及所处环境。压力下的行为反应可分为直接反应与间接反应。直接反应指直接面对引起紧张的刺激时，为了消除刺激源而做出的反应，例如，路遇歹徒或与其搏斗或逃避。间接反应指借助某些物质暂时减轻与压力体验有关的苦恼，例如借酒消愁。有些人还有可能出现一些过激行为，以宣泄郁积于内心的沮丧和不满等，如过量吸烟、回避人、强迫性的行为、吸毒、暴饮暴食、改变睡眠模式等。

一般而言，轻度的压力会促发或增强一些正向的行为反应，如寻求他人支持，学习处理压力的技巧。但压力过大过久，会引发不良适应的行为反应，如谈话结巴、刻板动作、过度吃食、攻击行为、失眠等。心理学研究发现：当猩猩被隔离监禁一段时间后，会出现重复的摇晃、吸吮手指或原地绕圈等刻板行为；把一只动物关在无法逃离的笼子中并给予电击，会引起动物不断吃东西的行为；当两只动物被电击时，电击开始或结束后不久，它们会打起架来。

身体与心理，就像原因与结果，共同构成人作为整体的属性。因此应激下的身心反应彼此交错，相互影响程。应激不能，使应激成为一个包括生理、心理及社会行为的多变量、多层次的相互作用的动态过太持久，否则就有能量耗竭的可能。当人们的内在免疫力不断下降、应付能力大人减弱之后，精神崩溃、加速衰老等并发症便会蜂拥而至。

☆★ 心理调试

教师被称为人类灵魂的工程师，但也是工程师中较辛苦的，而且教师职业的特殊性，也使教师承受着巨大的压力，尤其是小学班主任，在当今不断深化教育改革和强调教师专业化发展的形势下，对班主任提出了更高的要求，这无疑加重了班主任的负担，班主任在此迫不得已的情况下，面对着职业和事业的双重疑惑。也正是这种直接的感受和现实的感触，促使我们关注起班主任的现状及发展。感觉到了的东西，不一定真正理解它。只有理解了的东西才能更深刻地感觉它。压力过大或过于持久，超过了其承受能力，不仅会使班主任们降低工作效率，影响其职业生涯发展，而且会有损他们的身心健康，甚至会对各自的家庭生活带来影响。因此，我们在关注教师职业压力的问题时，更要对班主任的职业压力问题引起重视。

☆★ 视窗

· 具体措施

针对小学班主任如何面对压力，我们从不同方面为班主任提出几大法宝予以借鉴。

(1)改变认知策略

对同一压力事件，不同的人有不同的压力反应。教师要辩证地看待压力，调整对压力的认知策略，积极地应对压力而不是消极回避。要学会换位思考。如果一个人对自己的认识有明显的偏差，就会使人产生不适当的情绪和行为反应：要么自负、自傲、目中无人，认为成绩都是自己的功劳，失败都是别人的错误；要么自卑、自责、害怕见人，一切的过失都觉得是自己的无能所致。毫无疑问，这些情绪和行为都会影响个体的人际关系和工作效率，继而会影响其情绪和产生不安的行为，形成恶性循环。“自我”这个犹如自己手中的东西，往往难以正确认识；从某种意义来讲，认识“自我”比认识客观现实更为困难。班主任要修正自己的认知观念，坚定正确的职业理想和信念，班主任应正视自己的优缺点，不要给自己过高的期望。研究表明，了解自己的教师比不了解自己的教师更具有解决压力的能力。因此，教师应正视自己，面对现实，接受挑战，勇于竞争，积极进取，加快专业知识的充实提高，积极参加继续教育和业务进修，在坚定自己的职业理想和信念的同时，在自己力所能及的范围内，尽自己的努力.找到理想与现实的最佳结合点。

总而言之，班主任就是要正确地认识“自我”，改变认知，这样才能更好地在困难面前能否有迎难而上的勇气，有赖于和困难拼搏的心理准备，也有赖于依靠自己的力量克服困难的坚强决心。正如歌德的名言：“你若失去财产——你只失去一点儿；你若失去了荣誉——你则丢掉了许多；你若失掉了勇气——你就把一切都失掉了。”对困难，我们既不必害怕，也不必回避，而应以积极的态度勇敢地迎难而上，在征服困难的过程中，增强我们对压力的承受力。

(2) 优化人格品质

为了提高压力应对能力，教师必须提高自身的思想道德修养和知识素养，培养“韧”的精神，要善于独立思考、自我反省、自我激励，积极主动地适应环境。要想成功地应对压力，教师还应培养自信乐观、自强不息、宽容豁达等良好的心理素质。

西方有句谚语“性格即命运”。什么样性格的教师更容易出现压力呢？佩斯认为压力较易发生在持有个人主义价值观并试图实现工作理想的人身上。国外很多学者研究发现A型人格的人更容易出现职业压力。这类性格的教师常常不善于处理人际关系，尤其是和同事之间。他们好胜心比较强，易冲动，必然很难和同事相处融洽。一些刚刚走上工作岗位的年青教师常常怀里揣着梦想，对自己的工作充满了热情，投入大量的时间和精力，当他们的理想遇到残酷的现实而幻灭时，就会感到无限的失落。而高期望是导致压力的一个危险因素，当努力没有产生预期的结果时，可能会导致情绪衰竭和人格解体。因此培养健康的人格，加强对自身心理健康的维护和人格锻炼，是减少心理挫折和压力的根本途径。教师应直面社会现实，增强自我调节能力，以平稳的健康心态去主动接受现实并适应现实；只有教师自身执著地追求，努力拼搏，使自己充满力量和智慧.才能具备独特人格魅力。

(3)**善于调节情绪**

班主任要善于调控自己的情绪，增强自我心理调适能力，从而有效地驾驭压力。首先，要保持乐观的情绪和平和的心态，这是排遣压力的良方。对于压力，我们要客观地分析情况，从容地应对，真正做到处变不惊，应付自如。其次，要注意行为调节。班主任要积极调控负性情绪的发生，生理研究表明，人在生气时，会有一系列的生理变化，如心跳加快、胆汁增多、呼吸紧迫、脸色改变、甚至全身发抖。这种情况对人的健康不利是不言而喻的。当不良情绪发生时，可以通过行为上的改变而加以调控，行为可以宣泄情绪，转移注意力，对于释放和缓解压力有一定作用。所以“怎样使自己少生气”也是很有必要：

> 淡化法，工作中遇到令人生气的刺激时，应当力求避开、淡化，不要去深究结果，怒自去一半。

> 转移法，在受到刺激时，头脑里会产生强烈的怒火，这时如果主动的在大脑里想到另外一个使自己兴奋的事情，用它去抵制或削弱怒火，就会使怒气平息。比如非常生气的老师，看到乖学生勤学好问的样子，会怒气全消就是这个道理。

> 升华法，怒从何而来？常常是因为急功近利、性格要强、耐心不够所致，对此，可以用疏导的方法将烦恼与怒气导向最高层次，升华到积极的追求上。一次激

励起发奋的行动，达到转化的目的。

> 控制法，这是一种主动的意识控制，主要是用自己的道德修养的意志修养缓解和降低愤怒的情绪。有人在要发泄怒气时，心中默念“不要发火，镇定，镇定”，深呼吸，会收到一定的效果。

(4)科学利用时间

时间紧迫但又不会合理支配时间，是造成班主任压力的又一重要原因。时间学上著名的帕瑞托原理就是说很多人在时间管理上让不重要的多数问题占用了多数的时间，而重要的少数问题却只占用了少数时间。教师要善于科学利用时间，如制订工作计划时，应根据工作的轻重缓急排出先后顺序；掌握自己的生物节律，将最重要和最费脑的工作安排在大脑最兴奋、精力最旺盛的时间段；做到劳逸结合，张弛有度；学会挖掘时间资源，如减少不必要的社会应酬、充分利用零星时间等。

休息是人的生活方式中最基础的内容。这个基础性因素直接关系到生存质量和生活质量，关系到个体的压力应对。人的一生中，二分之一的时间在睡眠。睡眠是最好的药物，如果整口因缺少睡眠而精神萎靡，那么心理的状态也不会好。有了充足的睡眠，在工作的时候，你会更有效率、更有创造力，也会更开心。正常情况下，从决定睡觉到闭上眼睛入睡，持续时间很短，一般不到10分钟。因为工作压力大而失眠，必须得到重视。否则会恶性循环：因为工作压力大而失眠，又因为失眠反过来加剧工作的压力。

(5) 加强营养和运动。

良好的饮食起居习惯，经常锻炼身体，有助于缓解压力。班主任特别是中老年班主任要增强营养保健意识，合理膳食，注意少摄入高蛋白、高脂肪、高糖食物，多补充维生素B、维生素C和钙等营养成分，防止罹患心血管等类疾病。选择一些能够改善低落情绪的膳食，让事物帮助你打理不佳情绪，减轻工作压力，消除心理障碍。牧之、张震在他们的书中就写到关于饮食的建议。对有胡乱猜疑心理的人的饮食建议：这种人应该多吃蛋类、鱼类、牛肉、猪肉及牛奶制品等高蛋白的食物；对与周围格格不入的人的饮食建议:少吃盐，多吃鱼类食物特别是生鱼片。还要适量吃其他肉类食物以及吃绿色蔬菜;对有暴躁易怒情绪的人的饮食建议:少吃零食，少摄取盐分和糖分。多吃含维生素B丰富的食物，多吃含钙高的牛奶制品及海产品;对有忧郁、恐惧情绪的人的饮食建议:多吃干果和甲壳类的动物肉，以及柠檬、生菜、土豆、全麦面包、燕麦片。

据调查，我国知识分子中健身意识不强、健身行为少的现象非常普遍，有35%的知识分子甚至不参加体育活动。班主任在繁忙的教学、科研工作之余要加强体育锻炼，增加运动量，以放松神经、消除疲劳、增强体质。在闲暇时间所从事的活动目的并不是想获得物质利益，而是为了达到个人喜好得到娱乐和自我发展的目的。卢因森和格拉夫(Lewinsohn&Graf, 1973)的“愉快疗法”发现，休闲活动能够对被试的情绪产生积极影响。很早就有人提出十种休闲方式:看电视，听音乐，阅读，业余爱好，社交活动，积极的运动和锻炼，看比赛，宗教，义务劳动，旅游。由于休闲是可以自由选择的事情，教师们可以选择喜欢做的事情，对减轻和缓解职业所带来的压力也是非常有积极意义的。

(6)寻求社会支持。

有效的社会支持有利于减轻压力事件对班主任可能产生的不良影响。教师要积极参加一些必要的社会活动，与学生、同事、领导、家庭成员和亲朋好友等建立相互信任、融洽共处的人际关系;教师在面对压力时要学会倾诉，经常与外界沟通，寻求理解和帮助，以增强自信心和抗压能力。

教师工作性质就是与人打交道，班主任在学校教育教学中必须与学生、其他教师、学校管理者以及学生家长等交往，良好的人际关系是教师愉快工作的基础，是教师战胜压力的社会支持来源。教师在工作中遇到挫折在所难免，这时如果有一个良好的社会支持系统，可以把自己内心的苦恼和烦闷倾诉出去，让受伤的心灵在宽松、温暖的氛围中畅所欲言，得到朋友的理解、宽容和信任，就能有效减轻心理压力，提高自我调节水平，增强心理承受能力。

· *小建议*

> *确保自己能理解自己所从事的教育工作*

> *进行更充分的课程准备*

> *在压力情境中发现其幽默的一面*

> *放弃进行不下去的事情*

> *优先解决当前的最大压力事件*

· *活动*

下面是一个小学班主任舒缓压力的团体活动范例：

团体目标：

> *体会深呼吸放松心灵，舒缓压力的效果；*

> *将非理性观念赶跑，学会用理性的观念替代非理性观念。*

团体性质：结构式、发展性团体

团体对象：小学班主任

团体人数：8–12人一组，设团体训导者和协导者各一名

活动名称：把压力吹跑

活动道具：纸，彩色笔。

活动场地：室内或室外草地均可。

规则：

> *准备：可以采用三种姿势：*

坐姿：身体坐在椅子上，挺直，腹部微微收缩，双脚着地，与肩同宽，排除杂念，双目微闭；

站姿：双脚立地，分开，与肩同宽，双手自然下垂，排除杂念，双目微闭；

卧姿：平躺在床上，两膝分开20公分，脚趾稍向外，双手自然地伸直，放在身体的两侧，排除杂念，双目微闭。

> *把注意力集中在腹部肚脐下方，用鼻子慢慢地吸气，吸气的同时，想象气流从口腔里顺着气管进入腹部，腹部慢慢地鼓起来；*

> *吸足气后，稍微屏住一下，以便使氧气与血管里的浊气进行交换；*

> *用口和鼻同时将气从腹部慢慢地自然一吐出来，好像在轻轻地将所有的紧张和压力吹出去，口、舌、颚感到松弛；*

> *重复以上步骤，直到感到轻松为止。*

（这个练习每天可1—2次，每次10分钟。经过一段时间的训练，你不仅会感到心情舒畅，放松，而且，在面临紧张的应急状态下，你可用此方法达到迅速解除压力，消除紧张的目的。）

> *主持人分发纸和水笔，每人一份，彩色笔放在场地中央公用。*

> *成员在纸上写出或画出自己工作中感受到的压力，并说出自己的想法。*

活动分享：

> *当你改变自己的想法时，是否感到实际上也减轻了压力？*

> *你工作生活中是否还有其他的一些非理性想法妨碍你？分享和讨论你的同事*

们一些的非理性的观念：如我什么都做不好；我身边的人都不称职；我在工作上再也无法长进了；我每次都要做到最好等等。

> 分享和讨论“替代的理性观念”：如“我有的事处理得不错，有一些则不行”；“我的同事们每个人都既有优点，也有缺点”；“我需要找出能取得进步的新策略”；“在许多场合我都表现得很好”。

注意事项：

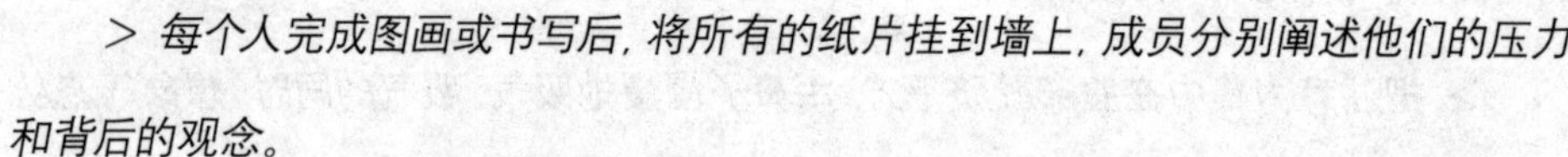

> 每个人完成图画或书写后，将所有的纸片挂到墙上，成员分别阐述他们的压力和背后的观念。

> 主持人可示范引导成员认识非理性观念的影响，使大家明白人的思维方式各有不同，换一种角度思考问题也是一种缓解压力的方法。

☆★ 在线互动

作为小学班主任的你是否对自己的工作有压力感呢？测试题中1分表示从不如此，4分表示几乎总是如此，按1~4分给自己评分。

问题是：

1、担心丢了这份工作就找不到其他工作了；（　　）

2、早晨醒来就为工作忧心忡忡；（　　）

3、工作要求的提高让我沮丧不安；（　　）

4、我发觉自己变得烦躁、易怒；（　　）

5、我会不耐烦地从一件工作跳到另一件工作；（　　）

6、不能得心应手地处理手头工作；（　　）

7、担心自己能否把工作坚持下去；（　　）

8、怀疑自己的工作是否真的做得够好了；（　　）

9、似乎没人关心我的感受；（　　）

10、对自己的感觉麻木不仁；（　　）

11、我会努力控制自己的情绪，直到最后以某种方式爆发出来；（　　）

12、很难抽时间陪家人和朋友；（　　）

13、亲友抱怨说见面接触机会太少；（　　）

14、因为太累无法照应到方方面面的关系。（　　）

把分数逐列相加，然后算出总分。总分如果低于25分，表示你能自如地对付工作压力；25~34分之间，表示你处于一种思想不安、身体不适的状态；35~44分之间，你则应该与一起工作的人谈一谈，设法找到减轻压力的办法；如果总分高于45分，你就有必要向心理咨询师咨询一下了。

· **人生感悟**

人生有很多精彩需要我们去追寻，这个世界上昏睡的人太多了，如果我们能真正做到身心平衡，也许我们就能很好的去面对生活中的不平等和各种不满，我想总有让你会心一笑的人或事，比如你的学生调皮的做了个鬼脸，比如你发现了原来你做到的不只是教会了孩子知识，你更让他懂得了如何做人，或许我们要做的只是用心去感受这周围的一切。

◎ 师生乐园，心的桥梁 ◎

［本章导读］

霍姆林斯基说过："如果学生不愿意把自己的欢乐和痛苦告诉老师，不愿意与老师开诚相见，那么谈论任何教育总归都是可笑的，任何教育都是不可能有的。"可见，沟通对一个班主任而言是非常重要的，只有加强与学生的沟通，师生情感和谐融洽，学生才能"亲其师，信其道"，进而"乐其道，学其道"。所以为了学生，更为了我们自己，我们更应该学会沟通之道，构建师生心的桥梁。

本章内容分两小节，第一小节我们从案例入手以更专业的视角展现师生沟通的相关内容，不仅使学生感觉到被理解、被尊重还有助于增强学生对学习的兴趣让班主任的工作变得更加游刃有余。其次，通过心理测试和团体活动的示范使班主任认识到沟通不仅仅为了更好的教书育人，对自己也产生着巨大的影响。第二节将着重介绍班级管理的相关知识以便更好的帮助班主任们进行有效的班级管理、共同营造欢乐的课堂气氛。

循循善诱——学生的人生领航者

［本节导读］

作为一名小学班主任班主任，您是否觉得孩子们在课堂的回答让您匪夷所思？您是否觉得学生们个个都是十万个为什么？您是否无法理解学生们给您的各种顽皮的借口？您又是否常常被学生弄得哭笑不得？是的，如果您不了解、不理解您的学生们，那么这一切对于您而言将是痛苦的，小学生是特殊的学生群体，他们年龄都在6到12岁，身心发展尚不成熟，对于学习的喜好受小学班主任班主任的影响颇深，喜欢哪个老师，便喜欢学习该老师所教受的内容，不仅如此，学生对小学班主任班主任的依赖和模仿更是小学生的突出特点，作为小学班主任班主任，可谓是学生人生的领航者，作为一名合格的领航者，成功的构建与学生的心灵沟通之桥是尤为重要的。

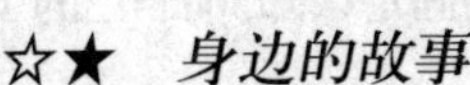

身边的故事

刘老师是某小学三年级新来的班主任，这天，才下课不久，有一个学生慌慌张张地跑进办公室，跟她说；“老师你快去看看吧，你们班的王帅和别人在班级打起来了。”，刘老师二话没说，就跑回了班，一进屋就看见一地的狼藉，王帅已不知去向，班级的班长趴在桌子上大哭，刘老师走过了去，问“怎么回事”，班长边哭边说，“王帅，打人”，年轻的刘老师非常生气，她先安抚好了班长然后组织大家准备上课，不久上课铃声响起了，王帅在众目睽睽下走进了教室，刘老师，走到王帅面前问：“你为什么打班长？”王帅伸直了脖子说：“班长，欺负我”，刘老师一脸不屑地说：“班长能欺负得了你？你这孩子打人也就罢了，还说谎，我看这课你也不用上了，去办公室，把自己的错误想清楚再说”，王帅气鼓鼓的吼着；“我没有说谎，就是他欺负我，我没错”，刘老师拽着王帅就往外走，王帅挣扎了两下跑了出去。刘老师非常生气地回到了办公室，办公室的王老师看到了就问；“怎么了小刘，哪个学生给你气的？”刘老师就一五一十地把王帅的事跟王老师说了，王老师沉默了一会，说；“小刘呀，我看这次你真是错怪王帅那孩子了，我下课路过你们班的时候看见，你们班的班长拿着条扫指着王帅让他扫地，好像还说什么没人管的孩子就得干活”刘老师听了很惊讶，她想了好久，第二天，她找到王帅问清了情况后，把王帅带到了班级，当着全班同学的面给王帅同学洗清了冤情，并且当她与王帅彻夜谈心后，了解到王帅家庭特殊，自小就父母双亡，他吃百家饭长大的这一情况后就主动担任起照顾王帅的职务，班级其他同学也都不再歧视王帅了。

· *心灵寄语*

在我们做班主任的过程中，我们会遇到各种各样的学生、我们会遇到各种各样学生的家庭，每一个学生都有属于自己的过去、属于自己的性格、属于自己的个性、属于自己的……每一位班主任也都有自己的处事作风、有自己的固定认知、有自己的工作、教学经验，所以在面对纷繁复杂的学生和事件时，每个班主任的解决方式也各有不同。

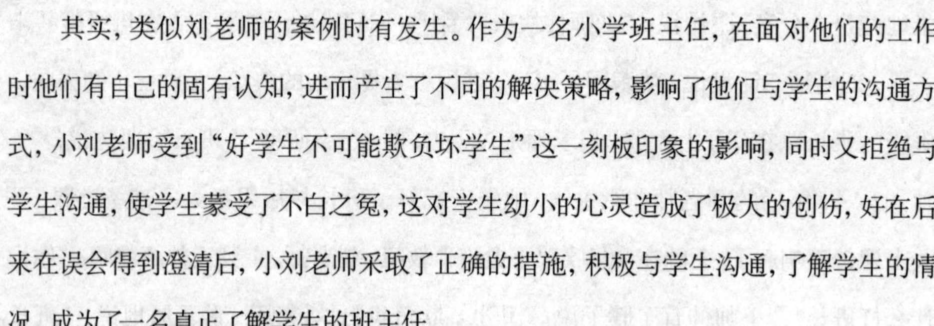

其实，类似刘老师的案例时有发生。作为一名小学班主任，在面对他们的工作时他们有自己的固有认知，进而产生了不同的解决策略，影响了他们与学生的沟通方式，小刘老师受到“好学生不可能欺负坏学生”这一刻板印象的影响，同时又拒绝与学生沟通，使学生蒙受了不白之冤，这对学生幼小的心灵造成了极大的创伤，好在后来在误会得到澄清后，小刘老师采取了正确的措施，积极与学生沟通，了解学生的情况，成为了一名真正了解学生的班主任。

☆★ *心理课堂*

沟通中的倾听

倾听，是师生间沟通的一种方式。师生之间的沟通属于沟通的一种，所谓沟通，简单地说就是信息的交流，从管理学角度讲，沟通就是由发送者将信息进行编码并通过某一渠道将信息发送给接收者，接收者将信息进行解码并可能给予反馈的过程。沟通有以下几种基本方式：口头沟通、书面沟通、非语言沟通、电子媒介沟通。师生沟通的主要体现为班主任的倾听。

倾听的类型

按照不同的维度，倾听可以被划分为多种类型。

> *按照倾听的性质分为*

①课间的倾听

课间的倾听在教学中非常常见，课间倾听顾名思义就是课间师生在一起交流感情，这种倾听方式有助于教师准确的掌握学生的思想状况，有助于对学生的正确引导，班主任善于与学生进行课间倾听便于班主任确定下一步教育计划这种倾听，民主、平等的话语氛围至为重要。

②课上的倾听。

课上的倾听，此类主要多见于课堂之上，其目的是收集学生对班主任教学的即时或延迟的反馈信息，从中推断出学生学习的困惑与疑难症结，以便班主任改进教学方法，采取相应的策略、手段，替学生释难答疑，做到真正的因材施教。

③课下的倾听。

它主要是了解学生知、情、意等方面的需要及其生活状况、理想抱负水平。一方面班主任可据此调整自己的言行，进一步融洽师生关系。另一方面，班主任可从中了解学生情绪与心理变化发展的信息，好有利于对学生进行针对性的心理教育，确保学生的身心健康。

> *赫金斯按照倾听的对象把倾听分为三类*

①个人内部的倾听

内部倾听是指，只关心自己，只为了满足个人的需要和兴趣的倾听。小学阶段，尤其是低年级学生个人内部倾听为主，学生以自我为中心，注重自己内在的感受性。

②人与人之间的倾听

人与人之间的倾听，就是我们通常理解的倾听，注重人与人之间的交流与沟通。

小学阶段的高年级学生掌握一定的沟通技巧，能够与班主任顺利的进行沟通、交流。在教书育人的过程中，班主任的倾听方式也以人与人之间的倾听为主。

③外在的倾听

外在的倾听，重点不是倾听者，也不是被倾听者，而是倾听的内容和信息。在班主任授课的过程中，对于学生而言，重要的就是沟通的内容，即教师传递的知识，班主任要保障倾听内容的清晰性和准确性。

> *赫金斯按照倾听的方式将倾听分为下列几类：*

①鸡尾酒式的倾听

所谓鸡尾酒式的倾听就是，师生两个人谈话，只是为了找机会讲述自己的故事，抒发自己的内心感受，这时倾听者是被动的。此时的交流并不是相互的，而是只是为了单纯地倾诉，并不需要过多的回应。

②竞赛式的倾听

竞赛式的倾听，就是与其他人争机会发言，就某个大家熟悉的话题，重复进行缺少新意与价值的言语倾诉。比如电影爱好者们谈论彼此喜爱的电影或影视明星，而此时的倾听是为了寻找说话的机会来表现自我。

③内容的倾听

这种倾听更着重于说话者所说的实质内容而不是交流中双方的相互关系，类似于外在倾听。这类倾听是建立在意识水平以上的倾听，例如老师听取同学们回答问题。

④承担义务的倾听

这种倾听与其他几种倾听相比较具有整体性，是整体的、全面的倾听，其中，不单是关注内容也不仅是关注个人，而是负责的都受到关注。这类倾听完全将注意力集中到了说话的对象身上，也就是学生。这种积极关注的行为在教师和学生的交流过程中是十分必要的，因为它能过让学生感觉到老师对自己的重视和关怀。

⑤创造性的倾听

这类倾听中，听者把讲话人的交淡作为生成和加工新观念的一种刺激。这类倾听注重的并不是交流本身，而是只有当教师合理、巧妙地运用这种倾听技巧才能真正发挥它的效果，最大的发挥作用。

☆★ *视窗*

赫金斯

凯特.赫金斯，是当代最著名的螺旋心理剧大师，美国著名心理学大师、培训专家、执业心理剧导演和临床心理学家。2001年，凯特获得由美国心理剧、社会计量、集体心理治疗学会颁发的重量级奖项“创新成果奖”。她基于自身经历和卓有成效的专业实践，于上世纪九十年代中期提出了治疗性螺旋模式，极大地影响了心理剧理论与技术的发展，创建了国际治疗性螺旋慈善机构（Therapeutic Spiral International，简称TSI）并担任理事主席。

螺旋模式心理剧是将自己的心理困惑通过表演的方式加以展示，表达出自己的内心感受，从中培养、提高对自身的洞察能力，实现自我整合与人际关系的和谐的一种深层心灵互动模式。具有高度参与性、体验性、启发性的特点，已被公认为是一种快速、安全、有效并且独具魅力的心灵治疗方法。这是心理学应用于现实社会的一种新的模式，也是心理学服务于人本身的一大经典案例。

2003年Kate首次应南京大学邀请，到中国介绍治疗性螺旋模式，并于2004年开始举办连续的治疗性螺旋模式培训，先后在南京大学、华东理工大学、山东大学、首都师大、华侨大学、北京大学六院以及上海、青岛、厦门、乌鲁木齐等地的医疗与社会咨询机构举办了几十个培训与治疗工作坊，影响广泛。目前，已在中国建立起了一个本土的行动治疗团队，并培养出三位经过认证的心理剧助理导演。

沟通中的障碍

· **信息发送的障碍**

> *班主任信息发送的目的不明*

部分班主任无论在课上还是课下向小学生传递的信息目的都是不明确的，如，教学目的不明确、谈话目的不明确等等，都为学生接收班主任传递的信息造成困扰。

> *表达模糊*

班主任表达模糊包括：词不达意、文理不通、语无伦次、字迹模糊、音量过小、吐字不清等等。这样的表达模糊会使学生无法了解班主任所要传达的确切知识信息。

> *形成不当*

班主任的形成不当是指，语言表达的形成时与非语言即手势、表情、体态等的表达形成不能相互协调，最简单的例子就是言行不一。小学生身心还不成熟并不能了解班主任所发出的言行不一的信息，导致沟通障碍。

> *自身原因*

由于自己的内向的性格或者自身有沟通障碍也会导致信息无法传出。

· **学生信息接收的障碍**

> *学生知觉偏差*

小学生处于身心发展的初级阶段，知、情、意发展的还不成熟，这就会导致在某些情况下学生由于自身认知水平、理解能力、智商、情商等原因，无法正确接收班主任老师传达的信息。

> *心理障碍*

每个学生的成长环境与自身经历不同，入学之前的个性特征也不同，有部分学生由于受到过不良的情绪体验、或经历过大的人生变革，导致内心对沟通交流产生恐惧、忐忑不安的心理，或由于某种原因对班主任怀有敌意等，就会拒绝接受班主任所传递的信息。

☆★　*心理调试*

随着社会的发展，人们对健康的认识已经不仅仅局限于身体的健康更注重心理的健康，社会上各种心理咨询室也如雨后春笋般发展起来，学校也应教育部要求展开了轰轰烈烈的心理健康教育，班主任的角色不仅仅是传统的“传道授业解惑”而进一步被拓宽为“人生的领航者”，担负如此重任的班主任自身的身心健康就显得尤为重要　。那么现如今我国小学班主任的心理状况如何呢？据调查研究表明，杭州2000名小学班主任中有13%的小学班主任存在心理问题，北京近60%的小学班主任觉得工作中烦恼多于欢乐，可见，我国小学班主任的心理健康状况不容乐观。

班主任所产生的心理问题的缘由是多种多样的，在众多缘由中人际交往常被作为重要原因之一，人际交往的不和谐往往是导致班主任心理问题的渊源。班主任与学生之间的沟通、交流是教师人际交往之一，也是最重要最基本的人际交往。作为一名班主任可以不与任何人交往但是就是不能不与学生进行沟通、交流，同时，师生关系的好与坏极大程度地影响着教育成果也影响着班主任自身的心理健康，师生交往如不能顺利进行，师生间就不能形成和谐的人际关系；由此引起的教学任务不能顺利、圆满地完成，学校、家长对班主任的工作不能给予肯定，等等一系列连锁反应会引起教师心理不适。所以，使师生关系和谐、顺利的进行下去对班主任来说是至关重要的。

· ***具体措施***

针对如何促使师生关系顺利进行，我们从不同方面为小学班主任提出几大法宝予以借鉴。

(1) 用博大的爱心换学生的喜爱

班主任博大的爱是与学生沟通的基础，班主任必须调整好自己的心态，以宽大的胸怀容得下一切学生，主动与学生沟通交流，时刻把自己当作学生的“益友”，以与学生互动为乐趣，向每个学生倾注爱的甘露。小学阶段是人生的奠基阶段，作为他们的班主任是年轻一代最初的启蒙教师，是学生心目中极具影响力的人。因此，班主任一定要成为学生学习的榜样，为学生做好示范作用。要让学生们不仅能体会到爱，还能懂得爱。现在的小学生都是家里的独生子是一家之宝，虽然他们集万千宠爱于一身，但是他们同样需要班主任的爱，更需要我们班主任引导学生正确的爱和感恩。而对于那些心灵上受过创伤的特殊学生，班主任更要给予特别的关注，这种教育方式能够帮助他们尽快走出受创的阴影，融入到集体中，也只有这样才能打开师生沟通之门。

(2) 用童心换真心、用真诚和尊重换取学生的爱戴

小学生多在6—12岁之间，学生的思维发展都还处于初级阶段向高级阶段过渡时期。这就要求我们班主任要进入孩子情绪和思想概念的参照体系中，以孩子的眼光去看“他的童话世界”，以孩子的心情去体会孩子的心情。而且也要以他的思想来思考他的一切，在课余时间要多和学生玩在一起，主动接近他们，设身处地，以学生的心情去体会学生的心情，并体验学生的内心世界，达到与学生心灵的相同与共感这样对于他们时而稚嫩、时而顽皮、时而可爱的行为，就不会给我们带来那么多困惑。学生们的控制力差，所以当孩子们犯错误的时候，班主任要采用“我向信息”让孩子明白，他们跟老师沟通有多么重要，也只有这样才能真正的建立起师生之间的同理心，慢慢你会发现，你的“童心”会让学生亮出自己的真心。

真诚是人与人交往的基础，是人与人维持交往的必要条件，班主任不能只是着眼于打开学生的心门，而忽略了自己内心世界的展现，使沟通之桥受到了阻碍，所以我们班主任应该用一颗真诚的心，打开我们教师的心扉，将自己的内心世界、自己的经历和那个自然真实的自己展现给你所爱的学生们，让孩子们感受到你班主任角色背后的那个鲜活的自己。在坦诚自己的过程中我们还要注意，充分的尊重学生们。虽然在教学中师生的角色以定，但是班主任与学生在人格上是平等的，都有维护自尊的强烈心理需求，所以，我们教师不应该在教学过程中摆出一副高不可攀的威严架势，学生的爱戴不是用指责、训斥换来的，而是用班主任的尊重和真诚，所以，班主任要特别注意尊重学生的人格，不伤害学生的自尊心，从小培养学生的自尊心和自信心，只有这样才能是沟通顺利。

(3) 给予学生极大的热情和赞赏

处于低年级阶段的学生都以自我为中心，自尊心极强，非常重视班主任的表扬与鼓励，而处在这一阶段的学生年级小，出现错误的几率非常大，时常为教师带来麻烦，如果教师只是一味的指责、批评或是冷嘲热讽，那么换来的只能是学生的更加抵触，所以，我们班主任需要发挥我们最大的热情来时时刻刻关注他们喜欢做什么、需要什么。这样才能拉近师生关系，同时采取各种方式鼓励学生动脑动手，对于他们做成功的一些小事，都要及时给予适当的表扬和赞美，让学生们充满自信和感激地做好每一件事。对于高年级学生来说，他们也处于一个特殊时期，就是我们班主任经常说的“叛逆期”，这一阶段的学生逆反心理强，需要班主任以更加宽容的胸怀来包容他们；需要教师以极大的热情来软化他们；需要以真诚的赞赏来肯定他们。也只有这样才能不断地激发他们的兴趣，促进师生的良好沟通。

(4) 善于倾听学生的内心世界

倾听对我们班主任来说是非常重要的，倾听是沟通中共情的一种。良好的沟通是建立在倾听的基础之上的，那么我们作为班主任是否了解倾听的有关技巧呢？首先倾听需要建立在尊重和理解学生的基础之上，班主任倾听学生讲话时可以调整自己的高度与距离，以达到尊重学生的目的。其次，倾听必须真诚，在学生默不作声或欲言又止的时候，需要班主任专心的、满怀兴趣的期待学生继续说下去，这时我们可以轻微地向前倾斜以表示你对说话内容的兴趣，同时注意眼神交流，以鼓励学生继续说下去。最后要注意，不要打断学生的谈话，因为打断他们同时，也打断了他的思路，又让学生们觉得你不尊重他。如果一个学生经常性地被别人打断正在说的话，这个学生以后就可能会对与别人交往有恐惧或自卑心理。让我们用心倾听每一个学生的呼声吧，只有这样班主任们才能会收获一份难得真诚、获得师生沟通的金钥匙。

· ***小建议***

> 转换自身角度，设身处地地使自己"变成"学生，用儿童的眼睛、头脑去感知周围的一切；

> 抵制命令式、说教式的表达方式；

> 增加感染力，要学会幽默；

> 耐心等待，永远不要表现出失望和嫌恶；

> 绝不放弃任何一名学生；

> 一视同仁、表里如一；

☆★ 在线互动

做为小学班主任的沟通交流是很重的，下面的测试将帮助你更加了解自己，看看你是否善于与人交往。独立完成下面问题并选择你认为最合适你的选项，选出你的实际反应，而不是你认为你应该的反应。这里没有对错之分。

1. 换一个单位，你发现你最讨厌的一个同学（中高三年都不讲话），也在相同的部门。你会：

A、很高兴，他乡遇故知的感觉，与他前嫌尽弃，握手言欢。

B、一走了之，再找另外的工作。

C、假装不认识，尽量避免接触。

2．刚擦出火花的男（女）朋友约你今晚去看电影，"死党"又约你去露营。你会：

A、去看电影，巩固这段感情，"死党"处改天再赔罪。

B、躲在家里看书，两不得罪。

C、去露营，以免被人骂"重色轻友"。

3．一个资历比你低得多的同事，当众大声指正你的错误，令你十分尴尬。你会：

A、先反驳他，然后再偷偷改正。

B、我行我素，再批评他未够资格教训你。

C、马上改正，对他说声谢谢。

4．去逛商场，一个推销员积极地向你推荐一种很好用的厨房用品，你不想买。你会：

A、盛情难却，勉为其难买下来。

B、跟他说要拿一份说明书回家征求母亲意见。

C、不理不睬，闪身而过。

5．一向信任你的老板，突然指定一个职务在你之上的人做你的上司，令你升职美梦成空。你会：

A、辞职，让老板知道他的损失。

B、积极表现自己，让新上司对你另眼相看。

C、坐着不动，等待新上司安排工作，他不安排你就不动。

6．你被冤枉的真相大白，你会：

A、乘胜追击，把对方臭骂一顿，再数落给周围人听。

B、一笑走开，让当事人呆立着不知所为。

C、安慰尴尬的当事人："没关系，下次把事情弄清楚就好了。"

评分：

	A	B	C
1	10	0	5
2	10	0	5
3	5	0	10
4	5	10	0
5	5	10	0
6	0	5	10

分析：

50—60分：你有正确的待人之道，胸襟宽广，能处理好任何事情，周围人都很喜欢与你接触。

20—45分：你还需努力，学习尊重别人，放开胸怀，才会得到别人的认同。

0—15分：你完全不懂相处之道，人群中讨厌你的人很多，即使表现上没什么，暗地里也会怀恨，请你好好检讨一下。

· 人生感悟

作为一个小学班主任，我时常问自己学生真的那么难教吗？孩子的顽皮真的让我们筋疲力尽吗？

细细想来也不然，学生有他们的天真烂漫，有他们的奇思妙想，有他们温暖他人的方式、方法，只是，有时我们作为班主任太期盼他们的成长，太期待他们的成功，往往忽略了与他们心与心的沟通。还记得生病时他们那关切的目光、比赛时他们高声的加油声、把你气哭时小脏手拿着的纸巾……依稀往事，只告诉我们，孩子们的纯真可爱，让我们用我们的爱心、童心、耐心，架起与他们沟通的桥梁吧，让我们的心紧紧依偎在一起。

你我共享——营造欢乐课堂

[本节导读]

我国在小学课堂管理研究方面还是一个比较薄弱的环节。广大中小学班主任班主任对课堂管理的认识也很不到位。长期以来，人们习惯上把在课堂上发生的活动看成是单一的教学活动，一种特殊的“认识活动”。而这种认识活动又被单纯地视为是班主任的教学活动，课堂中学生的活动只是在教师指导下的学习活动。这就自然忽略了课堂管理活动在课堂中应有的地位。所以很多时候，班主任们总会遇到这样的问题，有时由于学生积极性过高导致课堂呈现无纪律状态，局势很难得到控制；有时由于管理过于严格导致课堂一片死寂，班主任自己都觉得越讲越没激情，有些班主任也经常提到现在的孩子难管，管松了不出成绩学校不满意，管严了家长不满意说扼杀孩子个性，那么作为班主任，我们应该怎么培养学生，怎么管理课堂，怎样来营造欢乐的课堂氛围，做到寓教于乐呢？

☆★ *身边的故事*

对某学校小学五年级一班的学生们来说，他们是幸运的，因为他们遇到了一位难得的好班主任，故事要从一年前说起，那时他们是四年一班，在这所学校里一提起四年一班，没有一个老师不皱眉的，他们是学校公认的问题班级，上课调皮捣蛋、下课各个班级乱转，作业完成率低、质量差，考试稳拿年级倒数第一的成绩，真是让学校领导头疼的头号问题班级，不仅各科任老师就连他们的班任于老师也对他们不报以任何希望，谁知过了一年，学校新调来一个年轻老师，姓王，接替原来于老师的职位，任五年一班的班主任，王老师到任后充分的了解了班级每一位学生的情况，制定了新的班规，根据每位学生的特点给他们分配任务调动学生的积极性，课堂采用多种教学方式培养学生的学习兴趣，严格按照五年级学生的身心发展特点，循序渐进、因材施教，就这样一年过去了，五年一班即将升入初中，而他们带走的不仅仅是学年第一的好成绩还有一颗感恩的心和造福社会的志愿。

· *心灵寄语*

每一位小学教师都有可能成为一名班主任，对于一名优秀的班主任来说，在上好课的同时还要管理好班级纪律，传授知识的过程中还要照顾到学生各个方面的情况， 既要让学生们顺利完成课业还要确保学生的德智体美劳全面发展，面对这样复杂而艰巨的任务，老师们是否感到无从下手？是否有时总是事倍功半，劳心劳力又没有达到理想效果？老师们不禁要问，为什么呢？对于这些种种疑惑都是由于没有掌握班级管理的相关知识造成的，那么补充有关组织纪律、班级管理的实用技巧和方法，来帮助我们老师进行有效的课堂教学，使班级的组织变得轻松而有序，最终营造出师生同乐的课堂氛围，对我们每一个班主任来说都是喜闻乐见的。

☆★ *心理课堂*

课堂管理概述

关于什么是课堂管理，人们常常从管理职能的角度来界定它。如有人认为课堂管理是班主任的控制行为、是对课堂环境的控制、是对学生的促进等。课堂管理的概念源于美国，约翰逊等人就曾经提出“课堂管理是建立和维持课堂群体，已达成教育目标的历程”简单说来，课堂管理就是指教师为了保障课堂教学秩序和效益，协调课堂中人与事，时间与空间等等各种因素及其关系的过程。

· **课堂管理的重要性**

首先，课堂管理能有效解决教学活动中学生的课堂问题行为。课堂问题行为是目前小学教学中极具普遍意义的教育问题。在国内受到高度重视，在小学课堂上，经常会有学生表现出各种各样不利于课堂教学的行为。通过课堂管理可以有效解决小学教学中出现的课堂问题行为， 保证了教学的有效实施。其次，课堂管理帮助进行教学组织。在现阶段， 我国教育主管部门对小学、中学等基础教育提出了新的课程改革方案，提出了素质教育的口号，注重学生在学习中的参与性、积极性、主动性，强调师生交流的互动性。课堂管理的一个主要的目的就是班主任争取更多的时间让学生用于学习。课堂管理还可以争取更多的小学生投入学习。

再次，课堂管理会影响课堂气氛的形成。对教学产生间接的影响在小学教学中，班主任是学习的组织者，同时也是教学的监督者。课堂管理的好坏将会直接影响课堂气氛的形成，从而影响教学的好坏。另外，课堂管理和课堂教学之间也存在正相关。

· **课堂管理的类型**

> *共情型课堂管理*

这一类型的课堂管理可以达到不管而管的效应，班主任赋予学生的不仅仅是知识，而是真挚的爱，对学生真诚的喜爱之情使教师讲课情绪饱满充满对学生的高度尊重。语音和表情亲切，并善于发现学生的优点和进步。动情之处，往往情绪高涨，慷慨激昂，使学生产生强烈的情感共鸣。这种管理使师生之间洋溢着温暖、融洽的感情，能够激发学生的学习热情，有利于培养学生的思想品质、道德情操。

> *爱好型课堂管理*

班主任善于运用高超的课堂管理艺术化教学，以激发学生高涨的兴趣并通过美感陶冶来进行课堂管理。教学过程中，班主任往往采用新颖、别致而富有吸引力的导语、故事、例子等来展开教学，注重教学内容的选取，教学风格多样，教具丰富多变，真正做到把书本上的知识活生生的展现在学生面前。教学方法的灵活多变，教学语言的富有启发性、趣味性、节奏感，都是吸引学生注意，达到课堂管理艺术的最好方法。

> *平等型课堂管理*

班主任注重尊重学生的选择，真正把学生与教师放在同一地位，成功的实现了班主任角色的转化。民主型管理的关键在于师生双方相互协作，共同参与，商讨教学中的问题、疑难、进度等。这种管理能提高课堂教学效率有利于促进学生身心发展和创造能力的提高。学生对这样的班主任感到既亲切又尊敬，不知不觉间就让学习变成了轻松愉快的美好经历。

> *放任型课堂管理*

显而易见这种课堂管理是班主任意识淡薄，工作责任心差的充分体现。这种类型的班主任虽强调学生个人自由和个人选择，完全凭学生自己发展，让学生自己做出决定，对自己的行为负责。但实际上是一种不负责任的管理方式。对于小学生而言，他们还不具有管理自己的能力，这种管理使得课堂上缺乏明确目标，课堂混乱是不可避免的，学生学习无质量保证，教学效果很差。

> *严谨型课堂管理*

这种管理方式的班主任，教学目标非常明确具体，每一环节都安排得科学、严谨、有条不紊，并能采用相宜的教学方法。同时教师善于根据学生在学习过程中的各种反馈调整教学内容的难易程度，并掌握好教学进程。这种管理体现出班主任高超的技能技巧以及教学活动的科学性。学生认真专注地紧跟教师的思路进行学习并敬佩自己的班主任，课堂气氛显得较为庄重、严肃。

> *专权型课堂管理*

这种管理类型的班主任对学生极为严厉，教师对教学内容和教学方法的选择完全是根据个人喜好，整个管理也由班主任通过建立和强化课堂规则和有关规定控制学生的全部课堂行为,学生无法与教师取得沟通,在学习过程中也无法取得自主权，容易导致学生被动学习,产生疲劳，甚至使学生产生逆反心理、抗拒和攻击行为，教学效果降低。

> *行为型课堂管理*

基于行为心理学原理，认为无论是良好行为与还是不良行为都是习得的，根据巴甫洛夫的实验表明多次反复某种行为的刺激与强化便会习得某种行为，从而成为习惯。这种管理模式的班主任善于通过表扬、奖励、批评、轻微惩罚等对学生行为进行正强化与负强化，善于运用榜样的力量和小小的奖励性实物实现对课堂的有效管理。

课堂沟通概述

管理好一个班级的基础是建立在良好的课堂沟通的基础上的。所谓课堂沟通简而言之，就是授课过程中的沟通。良好的课堂沟通能够促进学生有效的学习，在课堂上班主任所进行的有效沟通可以分为两种：一种是为了完成教学任务而进行的具有教学论意义的沟通；另外一种就是为了促进学生全面健康发展的社会学意义的沟通。

· 课堂沟通的特点

> *沟通主体的多重性*

在授课过程中沟通主体包括师生沟通、生生的沟通，特殊情况还会有师师的沟通，由于主体的多样性、复杂性导致沟通主体的多重性。

> *沟通行为的不一致性*

一方面，作为沟通主体的学生的个性、气质、性格、年龄、经历各有不同，另一方面，作为一班之长的班主任也各有千秋，沟通主体的认知不同导致沟通行为的不一致性。

> *沟通内容的复杂性*

沟通，简单可以理解为谈话、交流，众所周知，谈话的内容涵盖面非常广泛，师生之间也不例外，大到人生，小到吃喝都是沟通的内容。

> *沟通策略的多样性*

为了更好的达到沟通的目的，班主任可以采取一些课堂沟通策略，比如，提问方式、倾听、同理心等等。

· 影响课堂沟通的因素

众所周知，有效的课堂管理可以更好地促进师生交流，共同营造和谐的课堂氛围，但是在实际的课堂教学中，班主任往往由于固有认知的影响让课堂沟通出现许多障碍，首先我们先来介绍一下构成课堂障碍的原因。

> *学生座位安排的影响*

相信每一位班主任都会发现，在课堂上与教师有良好沟通的学生大多都会是坐在教室前排或是与讲台在同一中轴线上的学生，而缺乏与老师之间的沟通的学生大多坐在教室后面或是偏两侧不在视线范围之内的学生，所以，学生座位的安排影响到师生之间的沟通。

> *课堂教学时间有限*

教育部规定，小学课堂不可以超过45分钟，在短短的45分钟之内教师既要组织教学又要按时完成课时任务，留给师生交流的时间就少之又少了，对于小学生而言，“多动”是他们的天性，课间想要与学生有一个良好的沟通也是很困难的，所以，有限的课堂教学时间也是影响课堂有效沟通的一大因素。

> *师生语言规范的差异*

小学生对言语掌握的还不是很熟练，还是处在打基础的时候，对于这个年龄阶段的孩子来说，准确的理解班主任说话的内容不是一件简单的事，而对于班主任来说，若对这个年龄阶段的学生没有一个身心特点的了解，没有一颗博大的爱心和耐心，是很难从学生还稚嫩的语言上分析出孩子的本意，尤其是在南方一些具有浓郁的方言的地方更是为沟通带来了不便。

> *师生心理因素的制约*

一些班主任由于对教师的角色、地位有错误的认知，再加上教师刻板印象，使这些班主任认为自己高高在上，学生不需要沟通只需要服从，这样就会导致教师由班主任单方面引起的沟通不良。还有一些班主任由于自身性格、心理障碍等个人原因封闭自我，拒绝向学生展现自己的内心世界，拒学生与千里之外。除班主任外，学生的性格也严重影响了师生的沟通交流。

· **课堂沟通中的语言障碍**

> *威胁式语言*

教学中，我们班主任经常会使用一些略带威胁的语言，如，“如果这次不交齐作业，我就要罚你们再抄10遍书！”“今后不能再迟到，否则就别进教室”等等，这些话真的有助于我们更好的进行教学，使学生更加“听话”吗？其实不然，恐吓、威胁只能起到暂时的作用，时间久了学生们就会发现，班主任只是说说而已，反而不利于我们班主任建立在学生面前的威信，更容易引起师生情感上的对立，学生很难产生积极的情感、态度和行为。

> *贬抑式语言*

贬抑式语言只会打击学生的自尊心，贬低学生的人格，班主任长期用贬抑式语言会使学生产生自卑的心理，对学生只有坏处没有好处。对教师自身而言，长期用贬抑式语言的班主任通常都是对学生高要求，把学生的缺点不足扩大化，而学生的进步则采取无视的态度，长此以往班主任会失去学生的信任和拥护。

> *迂回式语言*

迂回式语言与贬抑式语言有异曲同工之处，只不过迂回式语言加入了幽默、戏弄的成分在里面，年纪偏低的学生还不能了解其真正的含义。迂回式语言对学生的伤害也是很大的，班主任的“幽默风趣”并不能使学生领情，反而会增加学生与教师间的误会，使课堂沟通变得无比艰辛。

实现课堂的良好沟通也是为了顺利的完成课堂管理。

调试技巧

新一轮基础教育课程改革，不只是课程目标的转变、课程结构的革新、课程内容的调整，同时还要求实现课程实施方式的彻底变革，真正从以知识为本、以教为中心

的传统教学模式，转变为以学生发展为目标、以学生自主学习与探究为主体的新型教学模式。唯有使教学真正成为学生自主学习、主动探究、合作交流的主体活动过程，才能实现理想的课程目标，发挥理想的课程功能，促使学生的全面和创造性发展。作为班主任，课堂教学也一样，课堂管理是课堂教学的一个基本要素，毋庸讳言，无论在教育研究还是教学实践中，我们对课堂管理还研究得很不够，一些班主任在教学过程中没有明确的课堂管理的理念和目标，只有严肃课堂纪律、维持课堂秩序的一般行为。只有成功的课堂管理才能使教学变得更加有效，课堂管理技能是班主任教学的综合技能之一。课堂管理是教学顺利进行的重要保证，与学生的思想、情感、智力的发展有着密切的联系。小学生的自我约束力差，对班主任而言，课堂管理技能显得尤为重要。作为班主任的我们掌握正确的班级（课堂）管理技巧迫在眉睫。

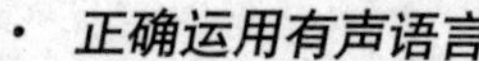

· *正确运用有声语言*

有声语言的沟通是课堂知识信息沟通的最常用也是最重要的形式。

> *有效的开场白和课程引入*

一个好的课前引入可以营造和谐的沟通氛围，有趣、生动或引起思考的课程引入，是进行教学信息有效沟通的基础。

> *生动语言的表达技巧*

使语言变得生动有趣是吸引学生进行有效教学的方法之一，使语言变得生动就要保持张弛有序的节奏，创造良好的意象是班主任语言表达的重要方面，它可以使知识信息传递表达准确、清楚、有趣，使沟通有效而顺畅。

> *优美声音的效果技巧*

在课堂沟通中，要注意声音的控制，要用声音打动学生的心就要做到：语速上，要适中，语速应稍慢于讲话语速，而且有忽快忽慢的变化。急缓适度的语速能吸引学生的注意力，使学生易于吸收信息，同时，合理运用停顿，便于学生接受、消化信息并给予反馈时间。音量上，在教学过程中要注意应用“合理响度”保证坐在每个位置上的学生都能毫不费力地挺清楚教师讲的每一句话，同时还要注意，教授知识的过程中要讲究“抑扬顿挫”，这样才能使学生保持良好的沟通效果。

> *把握提问的技巧*

在课堂知识信息沟通中，提问是很重要的一环，可考查信息沟通的程度。在提问中应做到由浅入深，班主任在最初的提问到引出学生最初的反应和回答的过程中还要注意学生的眼神，如果大多数学生的眼神是疑惑不解的，说明问题出难了；如果大多数学生将答案脱颖而出，说明学生已经掌握的非常好了，题目就偏简单了，需要班主任在这一过程中不断改变策略来适应不断变化的学生们。

· ***文字语言沟通形式***

文字语言沟通在课堂信息沟通中是有声语言沟通最强、最有力、最易于记录的辅助手段。所以班主任在这种沟通方式中需要掌握以下几点：

> *准确性*

笔画、标点准确无误，用字、用词准确无误；观点、内容准确无误，做到这三个“准确”才不能造成信息传递与接收的失真与失误。

> *精炼性*

内容言简意赅、切中要点、一目了然。

> *美观清晰性*

字迹清晰可辨，字迹端正，结构合理、美观，可以增强沟通效果。

> *形式多样化*

可采用手写黑板、小黑板、多媒体课件、投影等多种文字语言沟通形式。

· ***体态语言沟通形式***

体态语言在课堂信息沟通中起增强效果的辅助作用。体态语言包括：表情、眼神、微笑、仪表仪容，下面就分别介绍一下他们各自的展现技巧。

> 表情

小学生思维发展的还不成熟，还属于形象思维阶段，班主任需要通过自己自然的、丰富的、生动的面部表情来吸引学生与教师进行有效沟通，同时，也帮助学生理解沟通内容，便于学生更好的掌握。

> 眼神

目光接触是非语言沟通的一条重要渠道，可帮助师生之间建

立信任，相互理解、鼓励更多沟通。班主任的目光，应该亲切自然，和善友好，应该看着学生讲课，形成沟通感，而且还要善于变化。例如，当少数学生交头接耳，窃窃私语时，教师丢去一个眼色，这是制止这种行为的发生；在期待学生回答问题时，有的学生因为胆小，手似举非举，教师投去一许目光，这是一种鼓励；当学生出现了偶尔的失误，暂时的失败，教师的一抹亲切的目光，却包含了无以言表的鞭策和信任。

> 微笑

微笑是沟通中最富有吸引力，最有价值的面部表情，是最为美好的感情因素，能使人相悦、相亲、相近。因此班主任在课堂上能使用微笑的表情进行沟通，可使得师生之间缩短心理距离，润滑师生关系，化解学生与班主任的对立，营造良好的课堂气氛。

> 仪表仪容

仪表仪容反映一个人的精神面貌，是内在素质的外在体现，也体现了班主任的礼貌，教养与品位格调和精神气质。因此要讲究个人卫生、衣着整齐；穿着打扮要合体、合适、合度又不失时代感；要注意培养个人修养；自然大方、体现个性。

· **肢体语言沟通形式**

肢体语言在班主任课堂沟通中起辅助、强调和引起注意的作用。

> *手势*

手势是富有表现力和吸引力的行为语言，班主任在信息传递沟通中合理运用手势，能强调和解释语言所传达的信息，而且使内容更丰富、形象、生动。让学生可听、可看、可悟，但应避免过大、过多、生硬、重复等不良手势。

> *站、坐姿*

“站有站相、坐有坐相”是班主任常用来教育学生的话语，但教师首先应自己做到方可达到“身正为范”的效果，并能显示班主任的修养与自信，在沟通中获得信任效果。

> *空间距离的运用*

距离的不同可表达不同的意思，班主任在沟通中若能恰当的运用人际空间距离，可分别起到亲切、提醒、强调、威严、缓冲等作用。

· ***保证良好的课堂纪律***

课堂纪律是指，在课堂教学情境中，教师为了维持班级秩序、保证教学活动和学生学习生活顺利进行而要求学生必须遵守的一系列行为规范，是指对学生的课堂行为施加的外部控制与规则。可见课堂纪律是保证课堂成功的关键，关于如何保证良好的课堂纪律，我认为有以下几点值得借鉴。

(1) 创设动静结合的课堂氛围

班主任课堂纪律管理根本的任务，不是在课堂里实施各种规章制度，而是为学生学习创设一个和谐的氛围。我们不主张课堂上死气沉沉的“静”，也不提倡上课时出现搞怪现象，但是对于小学生而言好动是天性，与教学内容有关的有趣的材料、适当的活动是可以有的，师生共同欢笑，能够活跃课堂气氛，学生在活跃的课堂里学起东西来，总比在死气沉沉的课堂里容易。与此同时，必须强调，“动、静”要适度，不可毫无约束的“动”。班主任在预设课堂时，可以因材施教，给那些活泼好动、缺乏耐心的学生多提供一些活动的机会，使他们得以排遣自身过剩的精力，以动制静。动静结合，有张有弛。这样既活跃了课堂增加了学生的学习兴趣，又可以保证教学质量，把好课堂纪律这一关。

（2）端正认知，增强小学生自控性

在素质教育背景下，班主任充当的是“管理者”、“促进者”、“咨询者”、“顾问”和“参与者”等角色，班主任对此要有一个正确的认知，放下传统观念，做“学生学习的伙伴，平等中的首席”，遵从小学生身心发展规律，巧妙地运用师生之间的互动，把“导”与“演”进行分离与分工，把大量的课堂时间留给学生，使他们有机会进行相互切磋、共同提高。教师不能再把自己视为工作者，而是合作者。在合作学习中，教师与学生之间原有的“权威一一服从”关系要逐渐变成“指导——参与”的关系。课堂上体现的是师生双边的交流和探讨，而不再是演讲与听众，当然课堂体现的不是安静和死板，而是张弛有度、活而不乱。

（3）班主任应善用管理技巧

> 课前预备工作要充分

班主任要提前进入教室，会让学生有将要上课的心理准备。上课铃响，教室里的多数人如果对班主任视而不见，乱哄哄的，教师要静静地观察每个人，目光不宜严厉，但要尖锐、灵活、有神。片刻之后，多数学生会安静下来后，教师要及时给予鼓励与微笑，最好具体指出哪一排、哪一组的同学安静，哪一位同学坐得最端正，是大家学习的榜样。

> 课堂行为要逐步规范

班主任可以适时将一些一般性要求固定下来，形成学生的课堂行为规范并严格监督执行，这样不仅可以提高课堂管理效率、避免秩序混乱，而且一旦学生适应这些规则后会形成心理上的稳定感，增强对课堂教学的认同感，也就是我们通常所说的“习惯”。相反，如果一个班主任不注意课堂规则的建立，只凭着不断提出的各种要求、指令维持课堂秩序，不仅管理效率低，而且也没有利于学生培养良好的生活、学习习惯。

> *随堂检测要及时*

可以根据情况安排随堂测试。小学生自律性、自制性都比较差，作为班主任，对学生的监督和管理是必要的。可以利用每堂课的最后五到十分钟，进行小测(本课所学)，然后满分的加分、不及格的扣分、不交的从重扣分。这样，既有利于检查学生的学习情况，又给学生以一定的压力，可谓一举两得。

> *学生身心发展规律要尊重*

作为一名合格的班主任，我们要以知识为依据，遵从不同年龄阶段的儿童身心发展规律，时刻注意小学这一特殊的年龄阶段，尊重学生生命、尊重学生人格、尊重学生发展规律，才能充分发挥课堂规则在课堂中的管理作用，充分体现课堂规则的价值，从而营造出人性化的管理环境，让课堂真正成为学生的乐园。那么小学阶段学生身心发展规律有哪些呢?

☆★ 视窗

皮亚杰—儿童认知发展阶段

小学阶段的学生处于具体运算阶段。皮亚杰研究认为这一阶段的儿童具有:

(1) 思维具有可逆性，能够完成守恒任务。这一时期的学生认识到物体不会因形状和未知的变化而导致质量的改变的道理，在交换中能够把握事物的本质，这就是建立了守恒的图式。

(2) 掌握了分类的概念。儿童这一时期能够根据试误的性质或关系对事物进行不同的组合。

(3) 思维的去自我中心性。所谓自我中心是指不能将自己的观点与他人的观点区分开来，但这与自私自利无关。例如两个男孩要给妈妈选生日礼物，三岁半的小男孩选了一辆玩具车送给妈妈，这并不表明他自私，只是说明他还不明白妈妈的兴趣可能与他不一样。而七岁的男孩会给妈妈选一件首饰，说明进入具体运算阶段的儿童已经能站在他人的角度考虑问题了。

· **小建议**

> *民主选举，全员参与，形成规范；*
>
> *营造良好的情感氛围，以班为家使学生自觉维护班规；*
>
> *通过一系列课外活动增强班级凝聚力；*
>
> *用心记住每一位学生的名字；*
>
> *权力下放；*
>
> *提升自我，身教重于言教；*

☆★ *在线互动*

不善于与人们交谈，常常容易引起纠纷或误会。每一个人与别人交往的要求都不同，而表达自己及领会他人意思的本领也因人而异。你想知道自己与人交谈的能力吗？不妨测试一下，每题有三种答案可供选择，答题后可以计分评判自己的交谈能力。

- 你有否时常觉得“跟他多讲几句也无意思”？

  A、强烈肯定　　B、有时　　C、绝对否定。

- 你是否觉得那些太过于表现自己感受的人是肤浅的和不诚恳的？

  A、强烈肯定　　B、有时　　C、绝对否定。

- 你与一大群人或朋友在一起时，是否时常觉得孤独或失落？

  A、强烈肯定　　B、有时　　C、绝对否定。

- 你是否觉得需要有时间及一个人静静地才能清醒一下和整理好思绪？

A、强烈肯定　B、有时　C、绝对否定。

- 你是否只会对一些经过千挑百选的朋友才吐露自己的心事？

A、强烈肯定　B、有时　C、绝对否定。

- 在与一群人交谈时，你是否时常发觉自己在胡思乱想一些与交谈话题无关的事情？

A、强烈肯定　B、有时　C、绝对否定。

- 你是否时常避免表达自己的感受，因为你认为别人不会理解？

A、强烈肯定　B、有时　C、绝对否定。

- 当有人与你交谈或对你讲解一些事情时，你是否时常觉得很难聚精会神地听下去？

A、强烈肯定　B、有时　C、绝对否定。

- 当一些你不太熟悉的人对你倾诉他的生平遭遇以求同情时，你是否觉得不自在？

A、强烈肯定　B、有时　C、绝对否定。

每道题选A可得3分，答B的可得2分，答C的可得1分。

22–27分，这表示你只有在极需要的情况下或者对方与你志同道合时，才同别人作较为深入的交谈，但你仍不会把交谈作为发展友情的主要途径。除非对方愿意主动频频跟你接触，否则你便总处于孤独的个人世界里。

接近21分，则表示接近孤僻的性格。

15–21分，你大概比较热衷跟别人做朋友。如果你与对方不熟识，你开始会很内向似的，不大愿意跟对方交谈。但时间久了，你便乐意常常搭话，彼此谈得来。

9–14分，这表示你与别人交谈不成问题。你非常懂得交际，较易用产生一种热烈气氛鼓励人家多开口，同你谈得拢，彼此十分投机。

· **人生感悟**

时光飞逝，岁月如梭，当一届届学生在你手中毕业，一张张稚嫩笑脸都布满沧桑，你是否还记得，当年课上发生的一切？

作为班主任的骄傲就是看着自己的学生以优异的成绩毕业，在未来的人生道路上一切顺利。为此，老师，你曾煞费苦心的安排座位，曾彻夜斟酌课堂设计，曾为了一个不合群的学生查阅大量沟通的文献……今天的您是否更加珍惜曾经的一切。

◎ 善于沟通，巧练技巧 ◎

［本章导读］

小学班主任不仅仅要与学生沟通交流，与家长、科任老师的沟通交流也是必不可少的一环。然而学生家长的文化素质和生活背景不尽相同，这就对班主任提出了更高的要求，面对不同的学生家长，用不同的方法来进行交流。而要想班级管理的棒，与科任老师的交流更是班主任工作中不可缺少的一项，与科任老师的巧妙沟通，可以让班主任班级工作变得更加得心应手。

因此本章共分为两小节，其中第一小节主要是讲如何与孩子的家长进行沟通，最后如何与科任教师有效地沟通，让学生更好的融入班级生活中来。让经验与理论结合，更好的、更科学的、更行之有效的帮助班主任完成自己的工作。力求让老师们省心，让家长们安心，让学生们开心。

珠联璧合——小学班主任与学生家长沟通技巧

［本节导读］

当一名负责任的班主任不仅仅是要和学生打交道，知道学生在学校的表现，更要了解他们不在学校的一面，全面了解自己的学生。而想要知道学生不在学校时的生活情况，最普遍的方式就是通过家长来获取。家长是小学生离开学校之后，接触最多的人。小学生的一言一行，大部分时间都在家长的注视之下。家长的言行，也或多或少会影响小学生日常的生活、处理问题的方式等等。所以与学生家长的沟通尤为重要。好的沟通技巧，会博得学生家长的信任，而且也能让班主任更好的了解自己的学生，更好的处理师生之间的关系。当然由于家长文化素质与生活背景的不同，教育孩子的观念不同，与不同的家长交流，难免会遇到无法理喻的家长，这时作为班主任就要协调好自己的身心，平衡好自己的位置，不要将学生家长给自己带来的情绪问题，影响到自己的学生。

☆★　身边的故事

马老师，在我市的一所重点小学当班主任。她的班上有一名小男孩，这个小男孩是属于非常调皮的那种，上课爱接老师话，总是扰乱课堂纪律，老师怎么管都没有用，所以马老师只好找来家长沟通。孩子的父亲，高学历，是本市的一名高级工程师，在研究所工作。一次又一次，马老师终于没有了耐心，马老师将小男孩的父亲叫到学校，对他说："你们家孩子怎么教的，做家长的素质也太低了！"小男孩的父亲听到这话，脾气也上来了说："我把孩子送到学校就是为了让老师教育的，你说我没素质。我考大学那会，什么也考不上的才去师范学院，才去当老师呢！"最后俩人不欢而散。

· 心灵寄语

通过我这个朋友的故事可以看出，与家长沟通方式的重要性。好的沟通方式方法，可以达到双赢，让自己舒心，让家长安心。而不适当的语言，就会造成两败俱伤。因此，我们很有必要提高小学班主任老师的沟通技巧，改善沟通方法。掌握了适当沟通方法，就会让我们班主任在面对学校的工作更加如鱼得水，好的沟通方式会让我们事半功倍。

☆★　心理课堂

· 沟通

沟通是信息传递和交流的过程，包括人际沟通(直接沟通)和大众沟通(传媒沟通)。沟通包含了7个要素即信息源、信息、通道、信息接受者、反馈、障碍、背景。通道就是沟通过程的信息载体，人际沟通是以视听沟通为主，其影响最大的便是面对面沟通。信息接受者自身根据经验把信息“转译”，信息源和“转译”后的内容的差异决定了沟通的品质。双方再把信息送回给对方用以了解彼此。沟通发生在一定情境下的，包括心理背景、物理背景、社会背景、文化背景等。

沟通的功能包括获取信息，思想交流情感分享，满足需求维持心理平衡，减少冲突改善人际关系，协调群体行动，促进实现目标。我们把人际沟通分为，1)按组织系统分，正式与非正式沟通；2)按信息流动方向分，上行、下行与平行沟通；3)按信息源及接受者位置关系分，单向与双向沟通；4)按语词沟通形式分，口头与书面沟通；5)按形式分，现实与虚拟沟通。

随着社会的发展网络沟通越来越时髦，它主要是由个人主观感受和想象来引导沟通进程。网络具有匿名性、跨时空性、便利性、实时交互性的特点。因此网络沟通极易成瘾，网络成瘾是过度利用网络形成高度心理依赖的现象。网络是把双刃剑，一旦成瘾会另个体角色混乱、人格扭曲、道德感弱化、社会功能受损、无法分清现实与虚拟，更会造成机体植物神经功能紊乱、失眠、紧张性头疼，情绪急躁、抑郁、食欲不振等。因此我们要辩证的看待网络沟通。

体语也是沟通的一种方式，是非语词性的身体符号，它包括目光与面部表情、身体运动与触摸、姿势与装饰、身体间的空间距离等。体语沟通就是通过身体语言实现沟通。眼睛是心灵之窗，也是最能显露内心世界的方式。目光接触是最重要的体语沟通方式，当目光和面部表情出现分离，观察个体真实心态的有效线索是目光而非表情。因此，在与他人交谈沟通时，不但要注意自己的言语是否得体，更要用体语来吸引对方注意。

也要讲究沟通的距离，过近或太远都会让对方不舒服，心理学家霍尔(E.T.Hall) 研究美国白人中产阶级，提出四种人际距离即1)公众距离(12~25英尺)：3.66~7.62米，公共场合；2)社交距离(4~12英尺)：1.20~3.66米，如咨询师和求助者的距离；3)个人距离(1.5~4英尺)：0.46~1.2米，如朋友；4)亲密距离(0~18英寸)：0~0.46米，如夫妻。当然性别、社会地位、文化等因素也影响着距离。

与他人沟通时，开始要多说说自己的情况即自我暴露。1973年奥特曼认为良好的人际关系是在自我暴露逐渐增加的过程中发展起来的，自我暴露的广度和深度是人际关系深度的一个敏感的"探测器"。自我暴露是由情趣爱好→态度→自我概念与个人的人际关系状况→隐私方面逐渐深化的。特例，网络沟通，两个人没有任何关系也可能达到完全的自我暴露。

在实际生活中，是什么原因造成我们的沟通表达出现障碍呢?

从沟通的组成部分来说，可能由于沟通主体有障碍，如沟通目的不明确、沟通技巧不强；沟通对像有问题，比如沟通双方兴趣、背景、价值观、动机、经验、个性不同等；或者沟通媒介存在障碍，比如沟通工具使用不当、过多的媒介造成信息庞大、筛选不当或处理不及时从而影响沟通有效性；也有可能是沟通环境有问题，比如不注意说话的场合。

从沟通障碍的主要来源讲，就是发送者自身障碍，信息发送者本人的情绪、倾向、个人感受、表达能力、判断力等都会影响信息传递的完整性；再者信息接受者存在障碍，比如信息译码不准确、对信息的筛选、对信息的承受力、心理上的障碍、过早评价情绪都会影响接收者对信息的接收；抑或沟通通道存在问题，比如选择沟通的媒介不当、几种媒介相互冲突、沟通渠道过长和外部干扰。然而从现实生活来看，地位上的差距、单位组织的庞大无章、文化习俗的不同、个性的纷繁复杂、不同的社会心理状态等等因素都会影响我们每一个人的沟通，让我们与他人产生隔阂。虽然种种客观因素影响我们与他人沟通，但是我们却可以把握要领，主动沟通。

那我们应当如何克服沟通上的障碍，与他人行之有效的进行沟通交流呢？这里作者介绍两种方法：

一、不要总是自说自话，忽略了对方，倾听是沟通的基础，多听听别人是怎么想的、怎么说的。

二、把自己的语言变得言简意赅，不能漫无目的的讲话，扰乱接受者的接受效果。讲话前，将自己的思路缕清，知道自己要讲些什么。

(一) 把每句话都讲到点子上，让接收者可以直观立体的把握住你所想要表达的意思。

(二) 多用一些比喻，多举些例子，幽默起来，让接收者在轻松愉快的氛围下接收到你所要传达的意思，让他们觉得，听你讲话不是一种负担，而是一种享受，喜欢听你讲话。

沟通，难免会遇到一些障碍。因此就要找出原因，克服沟通中存在的一些问题，加强我们的沟通能力。沟通是发送者与接收者之间“给”与“受”的过程。信息不是单方面的传递，而是双方的事情，因此，沟通双方的诚意和相互信任至关重要。有句话说的好，沟通的品质决定生活的品质。所以，为了我们生活品质的提高，就要加强沟通的锻炼。

☆★ *心理调试*

教师作为一种与人打交道的职业，就不可能不与人进行沟通。然而并不是每一名教师都懂得与人沟通的艺术，有些教师甚至害怕与人交流，每次与人交流的时候就紧张，以至于不能顺利与家长沟通交流，以至于让自己的工作变得被动复杂。因此作为一名教师，应该掌握沟通交流的技巧，善于将这种沟通交流的技巧用于实践。掌握了沟通交流的技巧，不仅仅方便简化了教师自身的工作生活，更能让学生家长理解自己的工作。而与家长成功的交流，能让自己更了解自己的学生，让自己的学生在学校中更好的学习生活。

· *具体措施*

> *要有尊重学生家长的意识。*

尊重学生家长是处理好班主任与学生家长关系的首要条件，要尊重学生家长的人格，不能说侮辱学生家长人格的话。现就“请学生家长到校沟通有关学生在校间题”这一问题谈一下自己的看法。不论在任何情况请家长到校，应主动给家长让座、倒水，特别是学生犯错误时要求学生家长到校时更应注意这一点。在学生犯错误要求学生家长到校的情况下，我认为应注意以下几点：

第一，如果能自己联系上的就尽量不叫学生自己回家联系，应主动联系以表明我们做老师的诚意和态度。

第二，学生家长来校以后不应该当着学生家长的面训斥他的孩子，不管怎么样，听别人训斥自己的孩子肯定不好受。

第三，可先把家长叫出办公室，在一个单独的环境里向学生家长说明情况，形成一致意见。另外，现在的学生家长很多都有很高的学历，有很高的认识水平和管理孩子的水平，如能经常征求并尊重学生家长的意见，会让家长觉得我们当班主任的比较民主、诚实可信，有利于班主任和家长的联系沟通。

> 与家长联系沟通要有理性的意识。

与学生家长交流要避免随意性和情绪化。和家长交谈前要详细想好约见家长的主题和目的，注意从多方面收集学生的信息，设计和家长交谈如何切入主题、如何结束，如何谈学生的优点和问题，总结自己在交谈时方法是否得当，还考虑如何向学生和其他教师反馈约见家长的情况，最后要思考自己以后在和家长交谈时需要改进和注意的方面。

在和家长交谈的时候，不管学生的表现如何，应首先讲出学生的几条优点，任何一个学生家长都会喜欢别人说自己孩子的好，几句夸奖的话会拉近与家长的距离。在和家长交谈的时候，还要注意善于倾听，家长没有把自己的想法说出来那根本就不是交流。有时候多说不如少说，可以造成平等的谈话气氛，以便我们从中获得有价值的对学生的认识。

> 与学生交往时应多考虑家长所处的困难，多提管理孩子的建议。

现在小学的学生家长大多三十多岁，上有老、下有小，家里的老人有时候身体不好需要照顾，如再加上孩子成绩不好又不听话，这时学生家长心理会很苦闷。我们作为学生班主任从成人的角度和家长多交流，替他们分担一些心理上的负担，有利于促进与家长之间的沟通。

> *与家长交流应定期家访，了解学生家庭环境。*

教师的家访。每次家访最好事先与家长约定，不做“不速之客”，以免使家长因教师的突然来访而感到不自在。家访一定要围绕事先确定的目的进行，最好请任课老师陪同。一方面显得较有诚意与重视，另一方面也可以加强老师与学生之间的联系。教师在家访中要有诚心和爱心，讲话要注意方式，要多表扬孩子的长处和进步。如果教师对家长抱有诚心，对学生拥有一颗爱心，那么，家长必然会成为教师的朋友。切记，表扬学生就是表扬家长，批评学生就是在打家长的脸。

> *多听听家长们的声音，不能总是自己在唱独角戏。*

任何教师，无论他具有多么丰富的实践经验和深厚的理论修养，都不可能把复杂的教育工作做得十全十美、不出差错。而且随着整个民族素质的提高，家长的水平也在不断提高，他们的许多见解值得教师学习和借鉴。加之“旁观者清”，有时家长比教师更容易发现教育过程中的问题。因此，教师要放下“教育权威”的架子，经常向家长征求意见，虚心听取他们的批评和建议，以改进自己的工作。这样做，也会使家长觉得教师可亲可信，从而诚心诚意地支持和配合教师的工作，维护教师的威信。

· **小建议**

> *不否定自己，不断地告诫自己“我是最好的”，“天生我材必有用”；*

> *不苛求自己，能做到什么地步就做到什么地步，只要尽力，不成功也无妨*

> *不要回忆不愉快的过去，过去的就算了，没有什么比现在更重要的了；*

> *友善地对待别人，以助人为乐之本，在帮助他人时能忘却自己的烦恼，同时也*

可以证明自己的价值所在；

> 找个倾诉对象，有烦恼时一定要说出来，找一个可以信赖的人说出自己的烦恼，可能他人无法帮你解决问题，但至少可以让你发泄一下；

> 每天给自己10分钟思考，不断总结自己，才能不断面对新的问题和挑战；

> 到人多的地方去，让不断过往的人在眼前经过，而且对每一个人抱以发自内心的微笑。

☆★ 在线互动

教师职业是一种与人打交道的职业，最怕的就是得了社交恐怖症。这不仅仅会使患者主观上痛苦，而且也会影响教学潜能的发挥以及自己职业的发展。

是否真的患有社交恐怖症，还是要由专业的心理医生来判定，不过也可以用一下量表来自我测试。

以下量表有四个答案可供选择，他们分别代表：1.从不或很少如此；2.有时如此；3.经常如此；4.总是如此。根据你的情况在下表中划出相应的答案，然后对你每题所得分数相加，便是你的最后得分。

- 我怕在重要人物面前讲话 （1 2 3 4）
- 在人面前脸红我很难受 （1 2 3 4）
- 聚会及一些社交活动让我害怕 （1 2 3 4）
- 我常常回避和我不认识的人进行交谈 （1 2 3 4）
- 让别人议论是我不愿的事情 （1 2 3 4）
- 我会做任何以我为中心的事情 （1 2 3 4）
- 我害怕当众讲话 （1 2 3 4）

- 我不能在别人瞩目下做事 （1 2 3 4）
- 看见陌生人我就不由自主的发抖、心慌 （1 2 3 4）

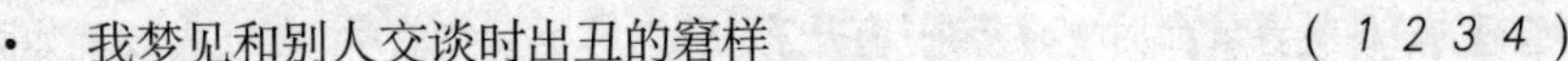

- 我梦见和别人交谈时出丑的窘样 （1 2 3 4）

1~9分：你并没有社交恐惧症。

10~24分：你已经有了轻度症状，按照如此发展下去可能会严重。

25~35分：你已经处于社交恐怖症中度者的边缘了，如果有时间一定要到医院求助心理医生。

36~40分：你已经是名严重的社交恐怖症患者了，应当快去求助心理医师，他会帮助你摆脱困境的。

- ***人生感悟***

人际沟通，最忌讳的就是一脸死相。要学习《亮剑》中李云龙的笑。笑能改变自己，笑能给人以力量，笑能创造良好气氛，笑能给他人愉悦，笑是成功的阶梯。

通力合作——小学班主任与科任教师沟通技巧

［本节导读］

当一名负责的全面的班主任不仅仅是要和学生家长打交道，更要如同统帅一样运筹帷幄、驾驭三军、与科任老师保持高度的默契和联系与沟通班任如同坐守中军的将军，而科任老师如同冲锋陷阵的先锋。教育如同一张网，而班主任和科任教师就是网上面的结点，二者彼此依靠，相辅相成。其整体效应如同一手纸牌，班主任与科任教师就算都是好牌，但是并不是顺子，也很难出手，不能形成合力。正如马卡连柯所说：“如果五个能力较弱的教师团结在一个集体里，受着某一种思想、某一种原则、某一种作风的鼓舞，能齐心协力的工作的话，那就比十个个随己愿地单独行动的优秀教师强得多。”离开了班主任的扎实管理，学科教育就如同逆水行舟，离开了科任教师的勤奋教学，班级成效就如同海市蜃楼。

因此，完成学生的学业的基础上，也在一定程度上帮助班主任解决学生的日常生活心理问题，完善班主任德育工程的建立起着至关重要而且是必不可少的作用。好的沟通技巧能够使班任与科任老师协同一致，发挥最大效能，使教育工作的展开更加顺利。所以班任要学会与科任老师的及时沟通和互相反馈学生活心理情况，建立信息共享平台，完成教师之间工作的互通协调，共同面对教学工作中出现的各种问题与困难交流解决经验与方法。

☆★ 身边的故事

薛老师，担任小学二年级的语文班主任，而担任他们班数学科任教师王老师，与她是大学的同学，俩人搭档教学一直很很受好评。然而二年级上半学期，薛老师在和同事们聚餐的时候，无意的将王老师在大学时候的糗事和同事们谈起，后来传到了王老师的耳朵里，王老师很是气愤，又在背后说了很多薛老师的坏话，两人的关系就此破裂。王老师还是照常的给薛老师班级上数学课，但是仅限于完成教学任务，对他们班上的其他事情不闻不问。因此在上半学期的期末考试时候，薛老师班级的数学成绩整体都不是很理想。到了二年级下学期，薛老师与学校商量，更换了数学老师。

- ***心灵寄语***

通过这个故事我们能够看出，两个人要保持良好的人际关系，一定要保守彼此的秘密。我们做为小学生的班主任，更要处理好与科任老师的关系。因此我们要与科任教师保持良好的关系，只有保持了良好的人际关系，才能让我们班主任工作顺心，才能全身心的投入到教学中来，才能达到事半功倍的教学效果。

☆★ 心理课堂

· 人际关系概述

人际关系是指人与人在相互交往过程中所形成的心理关系，它包含了下面几层含义：

＞人际关系主要注意人与人在相互交往过程中心理关系的协调性、融洽性和亲密性的程度。因而，人际关系是指人与人之间的心理的关系，是社会心理学的一部分。

＞人际关系是由这些心理成分组成的：既包含情感成分，行为成分还有认知成分。

＞人际关系是在双方交往过程中建立和扩大的。复杂纷繁的人类社会，是人际关系构成的网络系统，正是因为交往，使这个社会的个人与个人，群体与个人，群体与群体钩织成为一张生动的网，没有了人际交往，也就没有了人际关系。不单如此，这张网钩织完后，还需要通过不断的钩织加以维护和扩大。所以，积极地进行交往，是建立、维护和扩大良好人际关系的重要条件。

· 良好的人际关系发展过程

良好人际关系的建立需要经过交往表层的接触到深层的交往。小学班主任同学校领导、学校同事、小学生和小学生的家长之间都需要建立良好人际关系。而良好人际关系从开始时，只有一方面的努力，会让人际交往变的困难，只有当双方都对交往的人际关系进行了足够的关注时，才能让小学班主任的人际交往的网络变得牢不可破。当交往的双方将感情不断的融入进来，形成良好人际关系就自然而然了。

I.Altman和D.A.Taylor对人际关系进行了深入的系列性研究，对人际关系的建立及其发展提出了四个阶段，即定向、情感探索、感情交流和稳定交往。至今为止许多的研究者对人际关系进行了多方面和多角度的研究，并得到了同上述研究相似的结果，即良好人际关系的形成都需要从浅入深经过阶梯式的不断发展的阶段。

我们将人际交往分为三个阶段，即注意、接触和融合。人际交往阶段虽然划分为三个部分，但是它们的关系并不是割裂开来的，相互影响的，相互联系的。

第一阶段，注意。在小学班主任的人际关系交往过程中，注意起着至关重要的作用。小学班主任同学校领导及其同事的人际关系建立是相对较容易的，由于工作的关系，注意阶段自然而然的进行着。班主任与小学生之间，只有小学班主任与学生投入同样的注意，才能开始交往关系，否则会产生两种情况，一种是学生想和班主任进行深入交往，而老师并没有给予足够的关注，学生有话不能说，师生关系越来越不好，产生交往的不顺。另一种是老师想和某些情况特殊的学生进行深入交往，了解学生家庭等方面的情况以助于管理学生，但学生个性较为孤僻，交往也不会顺利进行。只有师生双方都投入给对方以真诚的注意，就会发现师生的人际关系渐渐变得美好。当然在小学班主任的人际交往中，还包括和科任教师的关系建立。班主任与科任教师的人际关系建立通常都是在学校同一班级教学下产生的，而长时间的交往难免会有磕磕绊绊不如意，在教学活动中一直保持是难能可贵的如果两方中有任何一方不能够主动进行交往的行动，不能引起对方的注意，人际关系就不能顺利的建立，间接的不利者就是小学生。因此，科任教师同班主任相互之间引起对方的注意至关重要。

第二阶段，接触。接触是人际交往的中间阶段，在这一阶段进行简单的心理方面联系，交往深度和广度都有所加深。班主任在这个时候进行更加有针对性的交往，对于上课不注意听讲、经常扰乱课堂的学生，班主任运用单独谈话的方式深入接触学生，从聊天中了解学生内心真正想法，进行教育；对于家庭困难、不易于合群的学生，班主任让班干部代替自己对他们进行心灵上的帮助，让学生在互帮互助中成长；对于单亲学生，班主任不断进行家访，用自己的爱弥补学生那份缺失的亲情等。当然接触不仅仅停留在个别学生的身上，对大多数学生，班主任都要抱着一视同仁的态度对待，接触有度，但不错过每一个需要深入交往的学生，帮助他们快乐地度过小学时期。当然，班主任也要协调好工作中人际关系同家人的关系。

第三阶段，融合。人际关系到达最后阶段就是感情与交往的融合。在这一阶段，交往双方已经十分信任对方，频繁的接触让交往的感情迅速升温。但是小学班主任依然要运用良好的策略保持人际关系。交往双方在心理上面达到情感协调，在行为处事合作方面总是事半功倍。在灵魂上面已经成为莫逆之交、忘年之交。但是随着交往的深入也带来了其他方面的问题，可以说良好人际关系建立成功，信任就不能随意被打破，但是小学班主任毕竟身担数职，这往往给班主任与科任的交往产生种种障碍，当科任与班主任的情感受到教学制度的限制，人际关系就会受到威胁，如科任教师有病了，班主任就要起带头作用，号召同学们去安慰老师，让科任老师感觉到是班级的一部分。因此，良好人际关系在这时需要适当的策略进行维护，才能继续。

- ***人际关系的恶化***

人际关系发展不仅有正向的发展，也包含着负方向的发展，也就是人际关系的恶化。从平常的生活中我们常能听说这样的故事，曾经的知己瞬间反目成仇变成仇人。

一般说来，人际关系恶化是因为人际侵犯、人际冲突和人际内耗的结果，根据这种冲突和内耗的程度和性质，很容易就把人际关系的恶化过程分成冷漠、疏远和终止三个阶段。

第一阶段，冷漠。即指交往中的一方把交往看成负担，在心理上形成压力，并且随着交往活动而产生痛苦的情绪体验。在小学班主任的人际关系的破裂，从冷漠开始，不仅对对方持不理睬的消极态度，甚至呈现出一种否定性的评述与行为。例如，虽然在同一班授课却很少交流。如此下去，影响的不仅是班主任与科任老师的关系，更影响科任老师对该班学生的态度。所以当问题刚一出现在冷漠阶段，小学班主任就要及时调整，尽量修正好与其他老师的关系。

第二阶段，疏远。是指交往双方在痛苦情绪体验的基础上，进一步产生对交往双方彼此厌恶反感的情绪。人际关系的恶化从冷漠开始，接下来就会以疏远的形式表现出来，并且渗透到小学班主任与科任老师人际沟通的各个方面。在这个阶段中，双方又回到了最初的位置，逐渐形成了一种远离的无接触的状态。这时的他们不是最初时的互不相识，而是彼此故意不理睬。比如在学校的集体教师会议上，双方为了避免接触，座位离的很远，即使不小心碰见，也会用极不自然的方式去避讳对方。如果出现了这种情况，教师应该认清自己的人际关系问题，作为小学班主任，虽然要抓学生的成绩，然而在学校中，良好的人际关系更是自己提升和进步的助推剂。

第三阶段，终止。交往双方冷漠、疏远的最后必然的结果一定是结束这种双方都尴尬的关系。这时，有的小学班主任为了避免跟对方的接触，不但放弃了自己班级正常的教学生活，或者逼迫对方离开自己的班级，有的甚至会调换原有岗位或者离开自己的学校，这时双方将会从此完全失去联系，彼此再也不见面。在这个阶段，教师之间不单单会把彼此的勉强接触看成强加给他们彼此的额外负担，并且会产生厌烦的心理，焦虑的心理。带着这样的心情去上课，自然是不会有好效果的，而且这样的心境影响的不仅仅是课堂的效果，更会影响他们的正常工作和生活。人际关系的恶化自然会给教师带来许多不利的影响，所以教师应该尽量避免人际关系的恶化，积极修缮与同事之间的关系。

我们作为班主任与科任教师的交流交往是必不可少的，可是在小学班主任队伍中，有些教师却或多或少存在一些人际交往的障碍。教师人际交往障碍主要表现在以下几方面：

由于缺乏对交往重要性的认识，用工作繁忙来作为借口，很少与他人交往和沟通；

缺乏应有的交往的常识和方法，使得在与人打交道时受阻碍；

自身的一些不良习惯不良性格导致交往受阻，如过于自负或过于自卑、心理自闭、自视甚高、疑心重、苛求他人、嫉妒心强等。因为这些障碍的存在，于人于己都会产生不良的影响。使得大家愿意与之交往。

小学班主任在与科任教师交流的时候由于经验不足容易导致各自为战的情况，然而教育是一个整体的项目，如同木桶理论，最短的木板决定了木桶中水的高度，正像教育家马卡连柯所说："哪里教师没有结合成一个统一的整体，哪里也就不可能有统一的教育过程。"现实中，小学班主任又存在下列误区，导致木桶中的水有的时候并不是应当达到的高度。

> 干涉过度出问题

班主任虽然是班级的主要管理者，但是不能伸手过长，有的班主任过于担心学生的成绩，所以经常会发生心理错位，认为学生的成绩代表自己的业务能力，就过分的干涉学生在科任老师的上课期间的活动，有的班主任会跟科任老师要课时或者直接占用科任老师的上课时间，去做跟自己的科目相关的学习，或者任意的把科任老师的时间变成自习。有的班主任甚至直接不跟科任老师打招呼，就直接进入教室跟同学布置任务，这样就造成了科任老师与班主任之间的矛盾。使小学生不知如何是从。

这样的情况的发生，主要是没有摆轻自己的位置，在处理和科任老师的关系时，我们要杜绝管理范围过宽，班级有自己的规章制度，在班主任的心里要有衡量和科任老师之间关系的一杆秤，要平衡好彼此之间的关系，消极无为如果说是一种缺位，那么越俎代庖就是越位，二者都是错位的行为，只有适度才能称之到位。因此班主任要学会适当的补位。积极处理好和科任老师的人际关系，尊重科任老师，适当放权给科任老师。

> *强占空间起争议*

有些班主任一听说仔细学生出了问题，不问时间地点马上进行教育，即使科任教师派了课代表去通融也不让回去上课；有时候上课铃已响，任凭科任老师等候在外，班主任却仍然在班级训话，使得科任教师在外面焦急等待；认为自己是班主任，利用职务之便，大肆宣扬本学科的重要性，甚至不惜占用其他的课的时间，例如取消体育课，音乐课等他认为不重要的科目，来完成自己的教学目标，让学生们容易造成其他科目、其他科任教师都不重要的想法。

无论上述做法是出于什么原因，前提都是出于自我意愿，无形中占了其他教师的地盘，使科任教师的教学难以进行。偶尔尚可，如果总是如此，科任教师难免会产生怨气，产生反感。而且还容易产生其他问题，比如上课时间找学生谈话而后中途让学生回教室，如果学生不回教室，就容易有不愉快的事情发生；在他人课堂上训话，一定会打乱科任教师的教学计划；总是强调自己所教授的学科，难免会挤占了其他学科的学习时间，容易使得学生只这一门学科学的很好，其他就不尽如意，自然影响整体的成绩，弊大于利。

> *作壁上观无作为*

有些班主任简单地认为，组织课堂教学是科任教师的事，和自己无关，他们应当自己想办法解决课堂上的问题，于是作壁上观，不理不问，结果该科目成了“木桶上的短板”，使得整体纪律散漫和风气的歪斜；无视学生和科任教师之间的矛盾，可以回避，一走了之，或是偏袒学生认为科任教师是在“找茬”；觉得科任教师提出的意见或建议没有分量；开家长会，绝口不提科任教师的功劳，将科任教师变成班级中的空气。

这种漠不关心的消极态度会想病毒一样慢慢扩散，并在班级管理的其他方面出现，使学生在冷漠的环境中成长，影响人格发展。我们必须认识到，学科教学虽说是科任教师的事，但如果班主任能协助科任教师共同面对问题，不但能使其他学科得到良性发展，更可以使得班级健康有序发展。其实，有些科任教师面对的问题，也是班主任需要解决的问题，比如学生学习上的学习风貌问题，既是科任教师需要有的学习精神风貌，也是班主任要着手引导的正确学风建设，如果学习风貌不佳，会被科任老师认为班级气氛不好，所以不能小窥。

> *彼此心中有隔阂*

当出现科任教师所教授的科目成绩落后的现象时，一些班主任将成绩落后的结果都怪罪于科任老师头上，在这一思维方式的指导下，班主任教师表现出：在其他任课教师面前，对此门教师的教学方式和教学能力指指点点大加贬斥；面对学生或家长时，直接点出是该学科影响了班级的整体成绩；有的甚至直接责问“我们班级别的科目都可以，怎么就你那科差”；或是暗中煽动学生造反；　或是和领导交涉；或是对科任教师视而不见，貌似有深仇大恨。

上述情况所描述的班主任很显然认为自己是团队领导而不是一起奋战的队友，为了推卸自己的责任，便贬低科任老师，这种不顾他人、团队利益，只重自我利益的行为，必然会使教师之间的情感产生隔阂，使教育合力受制。不仅使科任教师的威信下降，也让自身形象跌入底谷，最严重的是使学生身心健康受到损害。学生耳读目染这样的行为，如果他们将观察习得的这种行为运用到未来的人际关系处理中，那么不久的将来学生的人际关系也会是个很大的问题。

> 夸张过度反失效

班主任对科任教师的教师技能宣传具有重要的作用，小学生从班主任的言谈夸赞当中了解到科任教师的优秀表现，让小学生对科任教师产生敬佩的印象，这有利于教学工作的开展。然而有些班主任对于科任教师的工作给予了不符合实际的肯定，这对于小学生而言无疑是一种的变相的欺骗。当学生经过长时间的与科任教师接触，发现教师不过如此，前后形象的差距如此之大，曾经对科任教师的印象已不复存在，师生关系因此也变得紧张起来。

对于科任教师的工作班主任应当予以适当的肯定，但是过分的夸赞和过分的谦虚都只会让学生对教师这一形象产生虚伪的认知，非常不利于教学工作的开展。当然借助班主任的威信来对科任教师的优点进行宣传是一种良好的教学手段，但必须是在事实的基础之上进行对科任教师的夸赞，不但会让学生对教师教学内容更加感兴趣，同时让学生对教师产生敬佩之情，继而更加努力的学习，流露向老师学习的情绪。有必要说的是，当自己在班级中有一定的威信才能提科任老师宣传，自己毫无威信，宣传反倒会起到相反的效果。

> *反馈不当出岔子*

有的班主任为了解学生，会采用书面调查的形式来知道学生的学习状况和思想动态，而这些班主任往往会表示一定保密。有的学生会对个别科任教师不满，当他们听说是保密的，就会向自己的班主任表达自己的不满。然而当有的班主任将问题全盘讲给科任教师时，科任老师就会追问是哪位学生，班主任碍于情面最终就会如实相告。科任教师不会对班主任表达什么，但到了课堂却借题发挥，借机发作，师生关系就闹僵了，学生对班主任也丧失了信任。每个班级都有很多学生，个别对老师有意见是很正常的现象，有的科任教师可能会有唠叨、拖堂、作业偏多等种种问题。面对这些问题，作为学生和科任教师“中间人”的班主任，如果不能及时有效将学生的意见转达好，不仅不利于学生，也不利于科任老师。如果转达时不能把握好度，语言不得当，不但是预期目的达不到，更会将科任老师的工作热情浇灭，从而使师生相互仇视，最后影响学生此科的成绩。这就需要班主任帮助学生用积极的眼光看待科任教师的一些小问题，同时懂得说话的艺术将问题婉转的反馈给科任教师，不能急进。

> *彼此之间无沟通*

有些班主任将自己的角色与科任教师严格区分开来，认为只有自己负责班级工作，亲自操刀所有事情，时间一长就成了单口相声。在实行绩效工资的现在，班主任考虑自己拿着班主任津贴，去麻烦科任老师，更觉得不好意思。因此出现这样的状况，班主任与科任教师之间就像是几条平行的直线，永远不会不会有交点，从而更不会坐在一个屋里发现研究班级的问题。

有明确的界限，便不是教育，科任教师也应是教育中的一支力量。他们在班级的时间加起来一般都能够超过班主任的，从而从不同方面得到的信息肯定比班主任全面；科任教师往往能看到学生最真实的一面，因而科任教师口中的学生是多样的，也是更客观的，班主任能从不同角度丰富对学生们的认识；另外还可从科任教师那里得到最新信息，如果出现不良的讯号，就可以早发现，早治理。所以，科任教师与班主任是同一战壕里的，只有多与战友联系，才能更好地面对学生，如果单单靠班主任单枪匹马，一定效果有限。

> *处理失当起波澜*

有些科任教师喜欢向班主任反映学生问题（一般都是课堂纪律不好或者作业完成不佳），有的班主任会立即惊讶地说："是吗？他在我课上表现很好呀！"这让科任教师尴尬不已，只得悻悻而去；当然也有班主任会十分恼怒，毫不考虑的直接跑到教室去找当事学生，劈头盖脸一顿责骂或是在班级公开训斥，结果可能导致学生不服气。不仅仅没有解决问题，反而是用油扑火，学生对科任教师怨气加重，是学生与科任教师的矛盾加重。

班主任绝对不能轻视科任教师所反映的问题，更不能因为自己的偏见而曲解了科任教师的本意。上述的两种反应都是不合适的，前者容易让人产生误解，让科任老师容易误解，是对自己的能力怀疑，或是替学生说话，维护学生。然而，后面的做法不仅解决不了问题，反而会给学生留下该科任老师没能力的印象，只会向班主任告状，搬救兵，犹如狐假虎威一样，让学生的产生反感的同时更对科任教师不屑一顾，自然同教育目的背道而驰。不管哪种情况，都会造成师生、班主任与科任教师之间的矛盾和对立，对教育工作的展开不利。

> *节拍不同起疑义*

心理学中有个手表定律是说，如果有一枚精准的手表，我们就可以知道准确的时间；但是拥有两块或者两块以上的手表，反而不能告诉我们更准确的时间，使我们无所适从，失去对准确时间的信心。班级管理也如此，若是班主任与科任教师就某些相同问题持不同甚至相反的标准，自己都有自己的节拍，自己的节奏，就必然会使得小学生无所适从，出现撞车或是无意中互相拆台的现象，使教育大打折扣。

☆★ 心理调试

有调查发现，在校园内除工作关系外，中小学教师经常与他人交往的只有16.99%，在校外经常和他人交往的只有11.49%。1999年方方女士进行的心理健康测试表明，有1/3的小学教师存在或轻或重的人际关系敏感问题。而对末县城最大的一所小学教师进行问卷调查，发现校园内有推心置腹朋友的教师只有11%，这使得教师一旦遇到一些负性时间往往缺乏强有力的社会心理支持。（引自教师心理健康研究）因此，从这里我们可以看到，其实我们很有必要的改善我们教师人际交往环节上的不足。改善他们之间交往上的问题，让交往问题不至于影响教师们的心情和健康。

· ***具体措施***

> *重视自己的第一印象*

心理学家艾根1977 年根据研究得出，遇见陌生人时候，按照SOLER 模式，表现自己，可以明显地增加别人对我们的接纳性。S代表坐或站要面对别人；O代表姿势要自然放开；L代表身体微微前倾；E代表目光接触；R代表要放松。从而给别人一种“我很尊重你，对你很有兴趣，我内心是接纳你的，请随意”的感觉。

心理学研究表明，初次见面人们对彼此的第一印象总是最鲜明、最牢固的，这就是“首因效应”。往往根据对方的表情、姿势、身体、仪表和服装等感性材料给对方一个初步的判断和评价，当然给对方留下最深刻的影响最深远的就是第一印象，是人与人之间能够建立良好关系的心理动力。

当然"第一印象"也有偏差，第一印象多停留于表层，可能是一种肤浅的印象，但作为人际交往的基础，其作用仍是不可小觑的。

> *学会赞美*

心理学研究发现，其实人们更喜欢那些欣赏自己的人，然而欣赏自然也就少不了赞美。当然赞美也是有技巧的，小学班主任学会如何正确的使用赞美，会更好的与科任老师沟通，从而更优化自己的人际关系，同时也能缩短同事之间的心理距离。赞美是基于事实、发自本心，客观、理性的表达一种真实感受。比如，小学班主任赞美自己的同事的时候，可以从个人本身的一些优点出发，也可以侧面的从学生对该名科任教师的积极评价出发，注重细节、并且突出特点的赞美比一般化的空泛的赞美令人更加印象深刻。

> *学会倾听的艺术*

在人际沟通中，有时听比说更重要，要正确理解他人，必须先能听懂对方所说的话。很多教师都十分关注自己的表达是否流畅，却不知倾听比表达更为重要。因为说得好不好是技术问题，懂不懂倾听却是修养问题。提高技术很容易，但是提高修养却很难。在生活中，大家一定都有这样的体验：当我们说话时，我们总希望别人能够认真倾听，特别是在这个忙碌而繁杂的社会里，倾听成为亲人和好友之间互赠的最好礼物。回忆自己的经历你可能遇到过这样的烦恼：当你在向朋友诉说你的烦恼时，对方无动于衷，并不能体会你的感受，你会感到很沮丧，感到不被理解和接纳。

> *掌握批评技巧*

与学生的交往中，教师一般运用赞扬多余批评，在学生犯错误时，教师应当给予适当的批评，但是并不是无所顾忌的批评学生。对于教师，我们有以下几点建议：

欲抑先扬。当学生不是故意犯错误时，他们在心灵上已经感到了愧疚，我们教师需要对学生所做事件中好的动机予以表扬，此时，学生接受批评的态度也会非常好。

⑵示范作用。当学生的错误是与教师的行为有关，即使是学生自己误解了教师的话语，教师如果先行承认错误，那么学生也能学习教师谦卑的态度，从而接受接下来教师对自己行为结果的批评。戴尔 卡耐基说：“听别人批评自己缺点很难，但是对方先说自己也会犯错，那我们就更容易接受错误。”

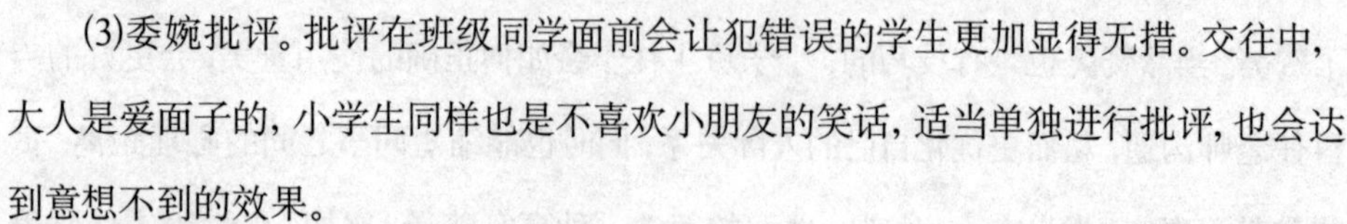

⑶委婉批评。批评在班级同学面前会让犯错误的学生更加显得无措。交往中，大人是爱面子的，小学生同样也是不喜欢小朋友的笑话，适当单独进行批评，也会达到意想不到的效果。

⑷对事批评。学生做错事，可能是由于不熟悉、或紧张等多种原因造成，因此，批评应就事论事，不应进行人身攻击。

⑸批评时效。小学生还处在贪玩的年纪，也许会经常犯错，但是批评应当具有一定实效，不应当批评时翻旧账，这样只会让学生更加不服气教师的批评，从而产生叛逆心理。

> *暴露自己要适当*

自我暴露是一种人们自发地、有意地把自己的真实情况暴露给别人的行动，它透露的信息多数是别人不可能从其他途径获得的。自我暴露是生活的需要，不善于暴露、不能恰如其分自我暴露弱点的人必会遭遇各式的障碍。而恰如其分地暴露弱点不仅不会损坏你的形象，还能使你的形象更加完美和动人。

人际交往中，如何控制自我暴露的这个度呢？人们最喜欢那些和自己的自我暴露程度相当的人交往。心理学家认为：理想的自我暴露是对少数亲密朋友做较多的自我暴露；而对一般朋友和其他人做中等程度的暴露。因此，在人际交往中，做自我暴露的时候要考虑到对象，也要掌握分寸，根据对方暴露的程度、对方的反应、彼此之间的关系等来做自我暴露。

> 非语言信息的交流应重视

在人际交往过程中，人们的眼神、表情、手势和动作等身体语言都会发挥奇妙的作用，有时甚至会达成言语交际不能达到的效果，这就是非言语信息的效用。所谓非言语信息交往，是指通过包括身体的动作、局部表情、空间距离、触摸行为、声音暗示、服饰和其他装饰来表达意思的过程。人们从经验中体会到言语交际更多地用来说明思想，而非言语交际则可以更多地用来表达感情，而且比言语交际要显得更自然、更亲近。例如，保持目光接触可集中听话人的注意力，减少精神分散，更重要的是可以向对方传达重视与尊重，这正是取得对方信任、使沟通顺利进行的先决条件；微笑也是很简单的对人友好、增加社交魅力的方式；一些身体姿势也传递了一些信息。

> 克服刻板印象带来的效应

刻板效应，一般说来就是用固有的眼光看待人和事物。我们常常得出有失偏颇的结论，是因为用固有的眼光看待事物和人。因为刻板印象往往不是以直接经验为依据，也不是以事实材料为基础，只凭道听途说或一时偏见而形成的。所以，绝大多数刻板印象是不正确的，是有害无利的。

在与人交往，看待某人时候，一定要跳出原来形成的条条框框，打破思维定势，有意识的摆脱原有认识的影响。不能听风就是雨，正所谓眼见为实耳听为虚，有意识地注意和寻求与刻板印象不一致的信息。只有这样我们才能正确的处理事情，更好的维护人际关系。

☆★ *视窗*

刻板印象与刻板效应

“刻板印象”也叫“定型化效应”是指人们对某一类人或事物产生的比较固定、概括而笼统的看法，是我们在认识他人时经常出现的一种较普遍的现象。我们经常听人说的“长沙妹子不可交，面如桃花心似刀”，东北姑娘“宁可饿着，也要靓着”，另外，人们一般认为男性独立、刚强、心胸开阔、好攻击。女性则表现为依赖性强、温柔、敏感、脆弱；男性擅长学习理工类专业，女性更适合学习文史类专业等，都属于是刻板印象，可见刻板印象与我们的生活工作有很大的关系。

刻板印象的形成，主要是因为在社会生活中，人没有时间和精力去对每个群体中的每一成员都进行深入的了解，而只能与其中部分成员交往，因此，只能由部分推知全部，用所接触到的部分，去推知这个群体的全部。可是，定型化一经形成，就很难打破，并且会对人的认知过程产生很大的影响。看过驯象的人都知道，驯象人只需要把象用绳拴在竹竿上就可以了，许多人很难理解，小小的竹竿怎能拴住力大无比的大象呢？原来，在象很小的时候，就被拴在上面，小象虽然拼命挣扎，却无力逃脱，最后终于放弃了努力。再比如，某学生给人的印象可能是比较爱攻击别人，当他与别人闹矛盾或发生争执时，我们通常都会认为是该学生的错误，而忽略了客观地调查事情发生的原因。还有一些与民族国家有关，英国人有绅士风度、聪明、因循守旧、爱传统、保守；黑人爱好音乐、无忧无虑、迷信无知、懒惰；日本人聪明、勤劳、有进取心、机灵、狡猾。美国人民主、天真、乐观、友善、热情；日本人善于模仿、进取、尚武、有野心；法国人爱好艺术、轻率、热情、开朗，可见刻板印象对我们的生活影响之大。

另外，在与科任教师沟通工作的时候，一定要做到以下几方面：

>介绍。班主任应当向班级同学介绍科任老师，告诉他们科任老师的长处优点，让学生对科任老师充满期待，当然，也要向科任老师介绍自己的学生，让科任老师对本班有一定的了解，要让信息对称。

>咨询。每年开学的时候，班主任都应该主动将任课教师叫到一起，听听他们的意见，说说本学期的教学任务，获得科任老师的配合。平时更要及时询问科任老师班级的情况，这样才能及时发现问题。

>*学习*。班主任应该去一下每一位科任老师的课堂，向他们学习不同的教育教学方法，把学生们提出的问题一件，妥善的反映给科任教师，共同完成教学教育的工作任务。

>*协调*。小学生课业负担过重是目前教学面临的一个问题，究其原因，很大程度上是因为老师们的作业分配没有协调好，而作为班主任就要把科任老师的教学作业等时间统筹好，在教学任务完成下，不使学生压力太大。

> 理解。科任教师难免会与学生发生一些摩擦，当这些矛盾发生时，作为班主任一定要冷静的处理，平时要多教育学生要对老师尊敬，理解科任老师的不容易，要妥善处理学生与科任老师的矛盾。

>*检查*。身为一班之主，不仅要检查自己学科的作业完成情况，也应该检查科任教师的作业完成情况，以便更好、更及时地了解学生学习情况，防止偏科的情况发生。

>*关心*。当科任教师有病有事的时候，班主任应当主动的去探视探望，主动关心自己的科任教师，并号召自己班级的学生去探望，关心班上的科任教师，科任教师就会更好的协助班主任的工作。

>*相信*。有上进心的班任大都希望本班管理工作和教学成绩名列前茅，但班任要相信科任教师，即使那科教学不如意，班任也不宜去向领导反映、更不能煽动学生“造反”，要相信科任教师的能力，要做好协调工作。

>*邀请*。让科任教师参加到班级的各项活动里来，让科任教师了解自己也是这一班级中的一员，一份子，要让科任教师觉得，这个班级的好坏是与自己休戚相关的，荣辱与共。

>*宣传*。平时要多宣传科任老师的功劳，让大家知道这个班级不是光有班主任，而是一个教师团队一起打拼的，让大家知道科任老师的贡献，科任老师也会感激的。

- ***小建议***

良好人际关系的一般原则

尊重

交往对象的人格尊严要得到尊重。由于各种因素的作用，世界上不可能同时存在完全相同的两个人，在与人交往的时候，对待任何一个人，不管其地位高低贵贱，人格上都是平等的，都应该给予应有的尊重。渴望受到尊重是每个人的基本心理需求，不仅要尊重他人的人格、生活习惯、权力地位，还要尊重他人的兴趣和隐私，不要轻率地去突破它、破坏它，否则对方会认为是冒犯，一定造成对方的戒备和反感。

诚信

诚信是中华传统美德之一。要保证人际交往的延续和深发展就得讲求信义。不能背信弃义。在交往中，只有双方怀着诚意的动机和态度，才能相互理解、接纳、信任，一起感情上的共鸣，与人交往才能加强深化。

平等

要站在别人位置上想问题。虽然说每个人的家庭、地位、贫富都有所不同，但人格是平等的，应一视同仁。应在心理与人格上与他人保持平等。

互利

所谓互利原则，既包括物质方面，也包括精神方面。粗略地可以分为两个基本层次：一个层次是以情感定向的人际交往，比如亲情、友情、爱情；另一个层次是以功利定向的人际交往，即为实现某种功利目的而交往。可见在人的各种交往中，有时是为了满足物质需求，有时则是为了满足精神的需求。无论是哪一种，都希望从交往对象那里得到自己需求的满足。可见人际交往必定遵照互利原则。

宽容

“海纳百川，有容乃大”自古以来人们就知道宽容的重要性，现实生活中，人们常常会遇到别人对不起自己或有损于自己的事情，对此不要耿耿于怀，不要过分计较在意，这就是宽容。宽容是人的一种美德，是做人的一种风度和境界。宽容不仅能使人性情随和，还能使心灵有回旋的余地，更能使人消除许多无谓的争执。宽容的人，时时刻刻都会受到人们的拥戴，因此他们更容易处理好各种人际关系，能够很快地适应各种不同的环境，能够融洽地与人合作，充分挖掘自己的潜能。

· *活动*

团体目标：增强教师之间的合作精神

团体性质：结构式、发展性团体

团体对象：小学班主任与科任教师

团体人数：8–12人一组，设团体训导者和协导者各一名

活动名称：五块钱

规则

> 按照1元、5角的规格，将团员分成不同面值的代表，1元应该控制在3个一下，如果人数较多则控制在1/3以下。

> 带领者喊出某某元某某角，则团员应该聚成一个小组构成某某元某某角。

> 分配完毕之后，让团员站成一个圈，然后围成圈小跑。带领者站在圆中间，当跑了一会之后，喊出某某元某某角，团员再迅速抱成团。

> 未被及时编入的，可以做表演或喊指令。

活动拓展：也可以再增加难度，加入1角的代表。但需要注意的是，报出的数字尽可能地能够不要过多的将团员留在小组外。

☆★ *在线互动*

大多数情况下，教师与他人的交流都是面对面的。面对面交流是有效沟通一个最关键的方面。只要稍作努力，大多数人都能够很大地提高与他人面对面交流的能力。下面这个测试就是测试我们面对面交流能力的测试。在您认为和自身符合的选项上打“√”。

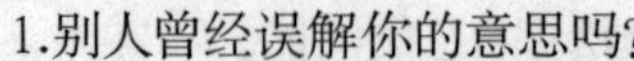

1.别人曾经误解你的意思吗?　经常　有时　很少

2.当与别人谈话时，你经常离开谈话的本意而跳到别的话题上吗?　经常　有时　很少

3.有人曾经让你进一步确认你的意思么?　经常　有时　很少

4.你嘲笑过他人吗?　经常　有时　很少

5.你总是尽量避免与他人面对面交流吗　经常　有时　很少

6.你总是尽量表达你的意思，并且以你认为是合适的方式与他人交谈吗?　经常　有时　很少

7.交谈时，你注视着对方的眼睛吗?　经常　有时　很少

8.谈话结束时，你是否询问他或她明白了你的意思吗?　经常　有时　很少

9.你总是找一个合适的时间和地点与他人交谈吗?　经常　有时　很少

10.你总是把事情的前因后果都澄清给别人吗?　经常　有时　很少

11.如果你要表达的意思很复杂，令人难以明白，你会事先考虑吗?　经常　有时　很少

12.你征求过别人的观点吗?　经常　有时　很少

计分方法

问题1~5　经常1分　有时2分　很少3分

问题6~12　经常3分　有时2分　很少1分

32分以上：具有很强的与他人面对面交流的能力，但在默写方面或许还有提高的余地。

26~32分：具备一定的技能，大有待进一步提高。

26分以下：技能有待全面提高。